Helmut Meyer
Jürgen Zentek

Hunde richtig füttern

45 Tabellen
52 Farbfotos und Farbgrafiken

Ulmer

Vorwort (1. Auflage 1996)

Der Hund kann auf verschiedenen Wegen richtig ernährt werden. Dieses Buch liefert dazu die notwendigen Informationen.

Den Wunsch vieler Hundehalter, objektiv und verständlich über die Ernährung des Hundes informiert zu werden, wollen Autoren und Verlag mit diesem Taschenbuch erfüllen. Dabei stehen Hunde im Vordergrund, die zur Freude und Unterhaltung mit uns leben und von denen keine besonderen Leistungen verlangt werden.

Für den »schnellen Leser« bieten die zahlreichen Tabellen die Möglichkeit, sich ohne zuviel Theorie die wichtigsten Informationen über die tägliche Fütterungspraxis anzueignen. Wer jedoch die Ernährung nicht nach dem alten Rezept »Man nehme...« betreiben will, kommt nicht umhin, das kleine 1 × 1 der Fütterung einzuüben. Dabei will der vorliegende Text helfen. Nur so kann der Hundehalter das Warum und den Sinn mancher Fütterungsempfehlungen verstehen und Fehler vermeiden. Im letzten Teil des Buches werden einige Probleme besprochen, z. B. wenn der Hund nicht frißt, weichen Kot hat, übermäßig Gas bildet, Hautveränderungen zeigt oder verfettet ist.

Wer sich eingehender mit der Hundeernährung beschäftigen will, sei auf das Buch: Ernährung des Hundes – Grundlagen und Praxis, 3. Auflage 1997, derselben Autoren verwiesen.

Für die **2. Auflage** wurde der Text durchgesehen und aktualisiert, so daß die Ausführungen wieder auf dem neuesten wissenschaftlichen Stand sind.

Hannover/Wien Frühjahr 2004
H. Meyer/J. Zentek

Inhaltsverzeichnis

Grundlagen der Ernährung

Ein Blick zurück

Der Haushund hat meistens keine Wahl: Er muß fressen, was ihm vorgesetzt wird. Das war bei seinen Vorfahren, den Wölfen, jedoch ganz anders.

Deshalb ist zunächst – ohne viel Theorie – ein Rückblick auf die Entstehungsgeschichte des Haushundes hilfreich. Trotz der vielfältigen Formen, in denen der Hund sich heute präsentiert, sind Freßverhalten und Aufbau des Verdauungstraktes gegenüber seinem Stammvater, dem Wolf, nicht grundlegend verändert.

Doch was frißt der Wolf? Er ernährt sich vorwiegend von Beutetieren. Bei erfolgloser Jagd und in Notzeiten kann er aber auch fast vegetarisch leben und sich mit pflanzlichen Stoffen (Früchten, Samen, Blättern und Wurzeln) begnügen. Wenn es nun im Märchen heißt: »Der Wolf verschlingt seine Beute mit Haut und Haaren«, dann ist das gar nicht so falsch: Er frißt nämlich nicht nur das Muskelfleisch, sondern auch Darminhalt, Organe und Knochen der Beutetiere. Erst die Summe dieser Bestandteile macht seine Nahrung »vollwertig«, d.h. sie enthält alle lebensnotwendigen Nährstoffe, neben Eiweiß, essentiellen Fettsäuren auch Mengenelemente (z.B. Kalzium oder Phosphor), Spurenelemente (z.B. Kupfer oder Zink) sowie fettlösliche und wasserlösliche Vitamine.

Eine wichtige Erkenntnis für die Fütterung des Hundes ist daher: Fleisch allein ist nicht das »Non plus ultra«, und der Hund ist keineswegs so einseitig auf dieses Futtermittel fixiert, wie oft angenommen wird.

Die Erinnerung an die Herkunft des Hundes und die Nahrungsansprüche seiner Vorfahren kann uns vor groben Fehlern in der Fütterung bewahren. Außerdem stehen heute aus den letzten 1 1/2 Jahrhunderten reichlich Forschungsergebnisse über die Ernährung des Hundes zur Verfügung. Daher ist es zweckmäßig, auf dieser Basis aufzubauen. Dabei sind einige theoretische Kenntnisse nicht zu umgehen, denn noch immer gilt: Nichts ist praktischer als eine gute Theorie!

Energie und Nährstoffe

Wie alle Lebewesen benötigt der Hund **Energie** und **Nährstoffe**, d.h. Brenn- und Baumaterial. Energie wird in erster Linie zur Aufrechterhaltung der Körpertemperatur benötigt, aber auch für zahlreiche andere Lebens- bzw. Stoffwechselprozesse. Der Begriff »Verbrennung« wird in diesem Zusammenhang oft benutzt, ist jedoch nicht ganz wörtlich zu nehmen. Im biologischen Sinn versteht man darunter den schrittweisen Abbau von Nahrungsbestandteilen im Organismus. Dieser Prozeß bewirkt, daß zum Schluß von den Nährstoffen, namentlich den Kohlenhydraten und Fetten, nur noch Wasser und Kohlendioxid übrigbleiben. Entscheidend ist, daß im Verlauf dieses Abbaus Energie in kleinen Schritten freigesetzt wird, und zwar in Form von Wärme und Speichermolekülen, die Energie aufnehmen und dort, wo sie benötigt wird, wieder freisetzen. Man kann dieses Prinzip der Energiespeicherung fast mit einem wiederaufladbaren Akkumulator vergleichen.

Das »Feuer des Lebens« ist also, chemisch-physikalisch gesehen, ein kontrollierter Verbrennungsvorgang, bei dem die mit der Nahrung aufgenommene Energie in einem fein abgestuften Prozeß umgesetzt wird. Alle Lebensabläufe – seien es Atmung, Blutkreislauf, Bewegung oder Wachstum – funktionieren nur solange, wie ausreichend Energie zur Verfügung steht. Die wichtigsten Energielieferanten im Futter sind Kohlenhydrate (Zucker, Stärke) und Fette. Auch Eiweiß kann als Energielieferant genutzt werden, normalerweise dient es allerdings als Baustoff für Körpergewebe, ebenso wie z. B. die Mineralien Kalzium und Phosphor, die unter anderem für die Stabilisierung der Knochen gebraucht werden.

Beim Aufbau der Kohlenhydrate, Fette und Eiweiße hält die Natur bestimmte Bauprinzipien ein. Meist werden viele kleine Moleküle zu größeren Einheiten miteinander verknüpft.

Kohlenhydrate bestehen aus Zuckern, die entweder einzeln wie bei der Glukose, zu zweien (Rohr- und Milchzucker) oder in Form langer Ketten vorliegen. Eine kettenförmige Anordnung ist charakteristisch für Stärke

Der Wolf ist der Stammvater aller Haushunde.

oder auch Zellulose. Die Bindung der einzelnen Zuckermoleküle ist in der Stärke so beschaffen, daß eine Aufspaltung durch die körpereigenen Verdauungsenzyme möglich ist, bei der Zellulose dagegen nicht. Zellulose wirkt daher als »**Ballaststoff**«.

Fette sind so aufgebaut, daß ein Trägermolekül, das Glyzerin, mit drei Fettsäureresten beladen ist. Für Fette ist charakteristisch, daß sie sich nicht in Wasser lösen. Die Fettsäuren bestehen aus einer unterschiedlichen Zahl von Kohlenstoff- und Wasserstoffatomen und enthalten außerdem nur noch zwei Sauerstoffatome. Futterfette unterscheiden sich je nach Länge und Art der angehängten Fettsäuren. **Öle** sind flüssig, sie enthalten einen hohen Anteil »ungesättigter« Fettsäuren, bei denen die Kohlen-

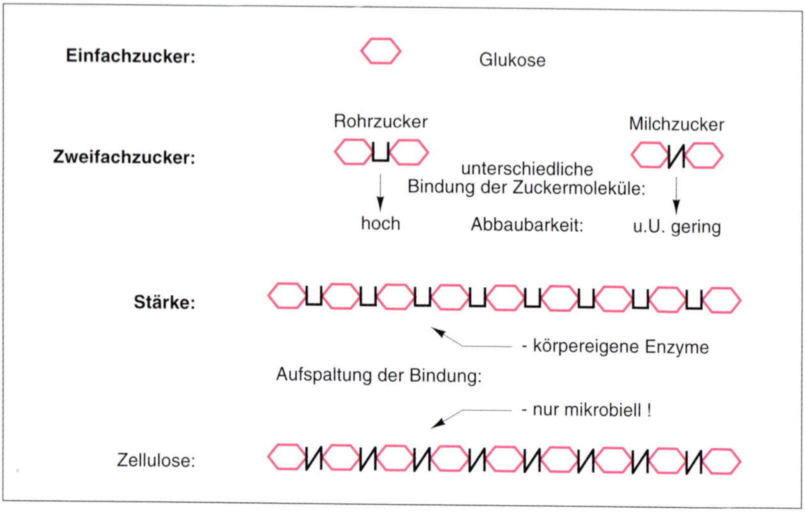

Aufbau und Struktur von Kohlenhydraten.

stoffatome nicht vollständig mit Wasserstoff abgesättigt sind. Bestimmte ungesättigte Fettsäuren werden vom Organismus auch zu anderen Zwekken als nur zur Energiegewinnung benötigt. Man spricht in diesen Fällen von **essentiellen** (= lebensnotwendigen) Fettsäuren. Ein Beispiel für eine essentielle Fettsäure ist die Linolsäure. Im Gegensatz zu den Ölen hat beispielsweise **Rindertalg** deutlich geringere Gehalte an ungesättigten Fettsäuren und daher eine feste Konsistenz. Die beteiligten Fettsäuren sind zu wesentlich höherem Anteil gesättigt, oder anders gesagt: der Kohlenstoff trägt hier mehr Wasserstoffmoleküle.

Während die Kohlenhydrate und Fette als originäre »Brennstoffe« angesehen werden können, hat das aus Aminosäuren aufgebaute **Futtereiweiß** überwiegend andere Funktionen. Die Aminosäuren enthalten nicht nur Kohlenstoff und Wasserstoff, sondern auch Stickstoff und z. T. auch Schwefel. Die Aminosäuren – es gibt etwa 20, die regelmäßig im Futtereiweiß vorkommen – dienen in erster Linie als Baustoffe, zum Beispiel für die Bildung von Muskulatur, für die Haut oder auch für das Grundgerüst der Knochen.

Die verschiedenen Eiweißquellen unterscheiden sich einmal durch die Art der am Aufbau beteiligten Aminosäuren, dann aber auch in der Beschaffenheit und Struktur der Aminosäurenkette. In manchen Futtermitteln ist das Eiweiß blattartig gefaltet, beispielsweise in Haaren oder auch in der

Aufbau und Struktur von Eiweißen (oben). ▷

Aufbau und Struktur von Fetten (unten).

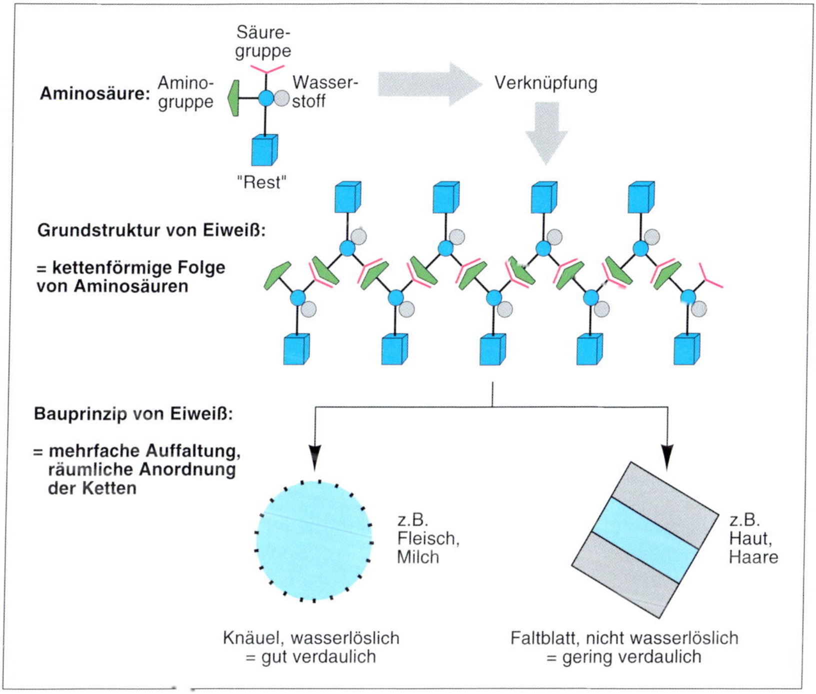
Säure-
gruppe
Aminosäure:
Amino-
gruppe
Wasser-
stoff
"Rest"
Verknüpfung
Grundstruktur von Eiweiß:
= kettenförmige Folge
von Aminosäuren
Bauprinzip von Eiweiß:
= mehrfache Auffaltung,
räumliche Anordnung
der Ketten
z.B.
Fleisch,
Milch
z.B.
Haut,
Haare
Knäuel, wasserlöslich
= gut verdaulich
Faltblatt, nicht wasserlöslich
= gering verdaulich

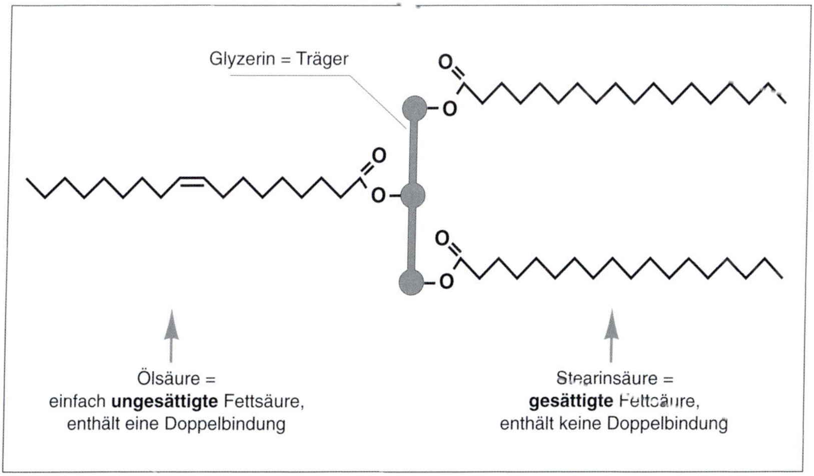
Glyzerin = Träger
O
O
O
O
O
O
Ölsäure =
einfach ungesättigte Fettsäure,
enthält eine Doppelbindung
Stearinsäure =
gesättigte Fettsäure,
enthält keine Doppelbindung

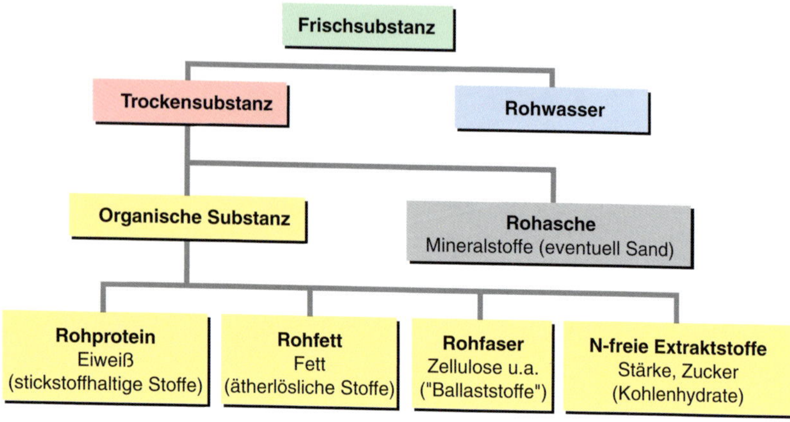

Die Nährstoffgruppen der Weender Futtermittelanalyse.

Haut. Da diese Anordnung durch die Verdauungsenzyme nicht leicht aufzuspalten ist, sind die entsprechenden Stoffe nicht gut verdaulich. Eine deutlich bessere Verdaulichkeit ergibt sich bei den faden- bzw. knäuelförmig aufgebauten Eiweißen, z.B. im Muskel oder auch Organen. Futtermittel, deren Eiweiß überwiegend aus Bindegewebe besteht, sind dagegen oft deutlich schlechter verwertbar. Der Grund dafür ist, daß hier eine kreuzförmige Verflechtung sehr fester Eiweißstränge vorliegt – z.B. in Sehnen, Knochen oder bestimmten Organen (Lunge, Milz). Daher sollte man diese Produkte nicht in zu hohen Mengen verfüttern, ansonsten können unerwünschte Wirkungen, z.B. Erweichung bzw. Verflüssigung des Kots, resultieren.

Neben diesen mengenmäßig wichtigsten Nahrungsbestandteilen benötigt der Hund auch **Mineralien** und **Vitamine**. Deren Funktion und Bedeutung wird auf S. 60ff. erläutert.

Für die Fütterungspraxis stellt sich die Frage, wie man den **Nährwert** eines Futters einschätzen kann. Bei der Vielzahl der in den Futtermitteln enthaltenen Brenn- und Baustoffe wäre eine vollständige Nährstoffanalyse in der Praxis unter vertretbarem Aufwand gar nicht durchzuführen. Als äußerst vorteilhaft hat es sich daher erwiesen, die Futterinhaltsstoffe in Form von Gruppen zusammenzufassen, die aufgrund charakteristischer chemischer Eigenschaften mit vergleichsweise geringem Aufwand analysiert werden können. Dazu greift man auf ein Untersuchungsverfahren zurück, das bereits im 19. Jahrhundert von den beiden Wissenschaftlern Henneberg und Stohmann im Göttinger Ortsteil Weende entwickelt wurde und sich bis heute weltweit als Standard, auch für die Lebensmittelanalytik, etabliert hat. Die nach der sogenannten *Weender Futtermittelanalyse* bestimmten Inhaltsstoffe des Futters werden als **Rohnährstoffe** bezeichnet.

Der **Rohwassergehalt** eines Futtermittels ist eine wichtige Kenngröße. Er läßt sich nach Trocknung des Futters bei 103 °C aus dem Gewichtsverlust berechnen. Das vorangestellte »Roh« besagt, daß es sich nicht um »reines« Wasser handelt, sondern daß im Grunde alle bei dieser Temperatur flüchtigen Substanzen ermittelt werden. Wichtige Kenngrößen eines Futters sind weiterhin der **Rohasche-**, **Rohprotein-** und **Rohfettgehalt**. Nur bei den Kohlenhydraten weicht man von der konventionellen Namensgebung ab und bezeichnet die im wesentlichen aus Stärke und Zucker bestehende Gruppe – vielleicht etwas umständlich – als **stickstofffreie Extraktstoffe**. Die zellulosehaltigen Anteile werden einschließlich einiger anderer Substanzen (z. B. Hemizellulose, Lignin) unter dem Begriff **Rohfaser** erfaßt. Rohfaser ist also sinngemäß gleichzusetzen mit »Ballaststoffen«.

Da bei den einzelnen Nährstoffgruppen nie »reine« Substanzen analysiert werden, spricht man generell von »Roh«nährstoffen. So besteht das Rohprotein eben nicht nur aus Eiweiß, sondern aus allen Komponenten des Futters, in denen Stickstoff enthalten ist. Im Rohfett sind nicht nur Neutralfette, sondern sämtliche Substanzen enthalten, die sich in Ether lösen. Die Rohfaser besteht im wesentlichen aus pflanzlichen Zellwandbestandteilen. Trotz gewisser Einschränkungen hat sich diese Form der Nährstoffanalyse in der Praxis bewährt, so daß beispielsweise Angaben über die Futterzusammensetzung bis heute grundsätzlich auf der Basis der *Weender Futtermittelanalyse* beruhen.

Verdauung

Der Hund lebt nicht von dem, was er frißt, sondern von dem, was er verdaut. Unter Verdauung wird ganz allgemein das Zerkauen, die nachfolgende Zerlegung der Nahrung in ihre Bausteine und die Aufnahme (Absorption) dieser Bausteine – über die Darmwand verstanden. Der Magen-Darm-Trakt des Hundes ist in seiner Funktion darauf ausgerichtet, artgerechtes Futter optimal zu nutzen. Bau und Funktion dieses wichtigen Organsystems sollen daher im folgenden kurz skizziert werden.

Aufbau des Verdauungskanals
Der Verdauungskanal erreicht beim Hund etwa das 5- bis 6fache der Körperlänge und besteht aus mehreren Abschnitten, die gut zu unterscheiden sind und jeweils spezielle Funktionen haben.

Erste Station des Futters nach der Aufnahme ist das **Maul**, wo eine grobe Zerkleinerung mit Hilfe des Gebisses stattfindet, bevor der eingespeichelte Nahrungsbrei oder Futterbrocken über die Speiseröhre in den Magen gelangt.

Der Welpe wird zahnlos geboren. Nach etwa 4 bis 6 Wochen entwickelt sich das Milchgebiß mit 28 Zähnen und nach rund 1/2 Jahr ist der Zahnwechsel zum bleibenden Gebiß vollendet. Die Zähne des Hundes – beim ausgewachsenen Tier insgesamt 42 – sind auf das Erfassen und Zerkleinern der Beute eingerichtet. Man unter-

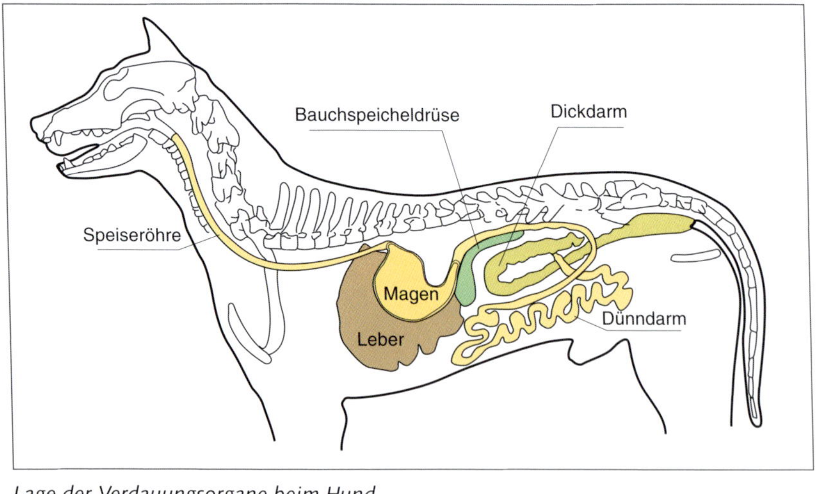

Lage der Verdauungsorgane beim Hund.

scheidet Schneidezähne, Eckzähne, vordere und hintere Backenzähne. Besonders markant sind die Eck- und »Reißzähne«, bei denen es sich um kräftig ausgeprägte Backenzähne handelt, die zum Festhalten und Vorzerkleinern der Beute dienen.

Die Verbindung zwischen der Maulhöhle und dem Magen besteht aus der mit Muskulatur ummantelten und von innen mit Schleimhaut ausgekleideten Speiseröhre. Die Speiseröhre ist so aufgebaut, daß der eingespeichelte Bissen durch eine wellenartige Bewegung der Muskulatur weiter bewegt wird. Im **Magen** mit seinem großen Fassungsvermögen kommt es zu einer zeitweisen Speicherung mit gleichzeitiger Ansäuerung des Nahrungsbreies.

Durch die Salzsäuresekretion werden die mit dem Futter aufgenommenen Bakterien weitgehend abgetötet. Der Weitertransport des Futters zieht sich über mehrere Stunden hin: der

Die Magenwand ist mit einer besonderen Schleimhaut ausgekleidet, die wichtige Verdauungssekrete produziert: im wesentlichen Salzsäure und Pepsin. Pepsin ist ein eiweißspaltendes Enzym, das in einer sauren Umgebung seine größte Wirksamkeit entfaltet.

durchsäuerte Mageninhalt wird in kleinen Portionen in den **Dünndarm** geschleust. Dieser Darmabschnitt ist sehr lang und für die Ausnutzung der Nahrung äußerst wichtig. Anatomisch werden drei Bereiche unterschieden: der Zwölffingerdarm, der sich direkt an den Magenausgang anschließt, der Leerdarm, der das Mittelstück darstellt und den größten Teil des Dünndarms umfaßt, sowie ein kurzer Endabschnitt, der Hüftdarm.

Die in das Lumen des Darmes ragenden Zotten der Schleimhaut

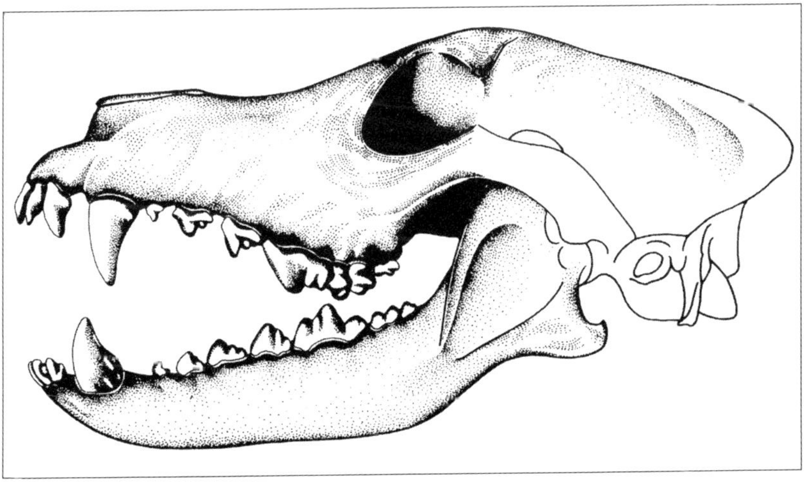

Gebiß eines ausgewachsenen Hundes.

> Der Dünndarm nimmt etwa ein Viertel am Gesamtgewicht des Verdauungstraktes ein und hat eine durch mikroskopisch kleine Fältelungen (Zotten) stark vergrößerte Oberfläche.

besitzen einen »Bürstensaum«, der seinerseits wiederum zur Erweiterung der Kontaktfläche beiträgt. Dieser Aufbau sorgt dafür, daß möglichst große Schleimhautflächen in Kontakt mit dem Darminhalt treten können; das ist wichtig, damit die Nährstoffe oder ihre Bruchstücke über die Schleimhaut aufgenommen werden können.

In den Anfangsteil des Dünndarms, den Zwölffingerdarm (Duodenum), münden Ausführungsgänge der **Leber** sowie der **Bauchspeicheldrüse**. Diese beiden Organe werden daher auch als Darmanhangsdrüsen bezeichnet. Sie bilden Verdauungssäfte, die maßgeblich dazu beitragen, daß im Dünndarm ein intensiver Abbau der Nährstoffe erfolgen kann. Auf den Dünndarm folgt der **Dickdarm**, der wiederum anatomisch unterschieden wird in Blinddarm, der beim Hund nur klein ist, Grimmdarm sowie Mastdarm.

> Der Dickdarm ist von zahlreichen Bakterien besiedelt: in ihm kommt es zu umfangreichen mikrobiellen Vergärungen der bis dahin noch unverdauten Inhaltsstoffe des Futters.

Während im Grimmdarm intensive mikrobielle Abbauvorgänge ablaufen, liegt der unverdaute Rest des Futters im Mastdarm – solange, bis der Füllungsdruck zu groß wird und der Hund Gelegenheit hat, sich zu lösen. Im Vergleich zu vielen anderen Tierarten und auch zum Menschen ist der Dickdarm des Hundes klein und unkompliziert aufgebaut.

Das Gewicht des gesamten Verdauungstraktes erreicht 4 bis 6 % vom Körpergewicht, wobei kleinere Hunderassen einen relativ größeren Verdauungstrakt besitzen als Riesenrassen. Entsprechendes gilt für Leber und Bauchspeicheldrüse.

Wie und wo wird das Futter verdaut? »Das Milieu«

Das Futter wird überwiegend durch körpereigene Verdauungsenzyme verdaut, aber auch teilweise durch Bakterien, die sich im gesamten Darmtrakt, insbesondere jedoch im Dickdarm befinden.

Für eine möglichst vollständige Ausnutzung des Futters ist erforderlich, daß im Inneren des Verdauungskanals optimale physiologische Bedingungen herrschen. Als wesentlicher Faktor ist hier der **pH-Wert** (Säuregrad) zu nennen, der mittels einer Skala von 1 (sauer) bis 14 (basisch) charakterisiert wird. Der Neutralbereich liegt bei einem pH-Wert von 7. Im Verdauungskanal ist zunächst im Magen ein deutlich saures Milieu festzustellen (bis unter pH 2), im Dünndarm erreicht der pH-Wert durch den basisch wirkenden Bauchspeichel dagegen neutrale bis alkalische Werte (pH 6,5 bis 7,5). Im Dickdarm kommt es infolge der mikrobiellen Fermentationsvorgänge und der Freisetzung von organischen Säuren zu einer leichten Absenkung der pH-Werte, wobei unter üblichen Fütterungsbedingungen ein neutrales bis leicht

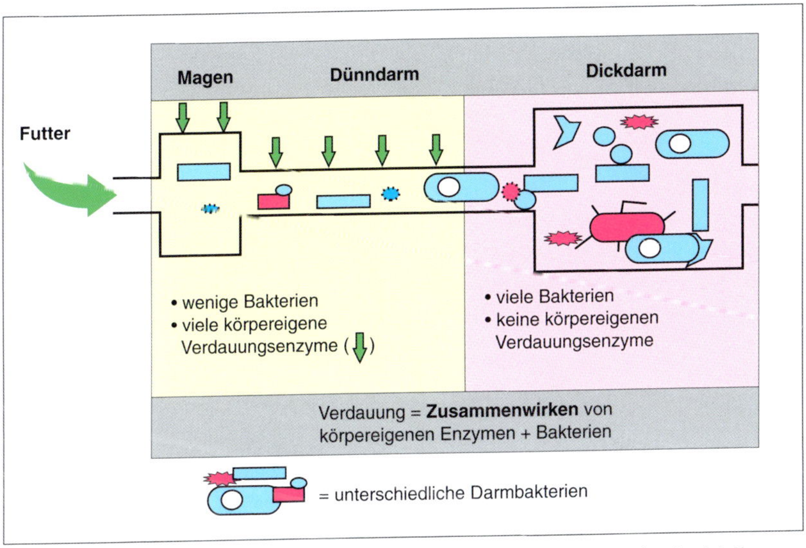

Die Verdauung erfolgt durch das Zusammenwirken körpereigener und mikrobieller Enzyme.

saures Milieu aufrecht erhalten wird (pH 6 bis 7). Durch den Zufluß von Magen- und Darmsaft sowie des Bauchspeichels ist der Dünndarminhalt typischerweise flüssig (75 bis 90 % Wasseranteil).

Da im Dickdarm ein erheblicher Teil des Wassers absorbiert wird, ist er für die endgültige Einstellung des Wassergehaltes im Kot außerordentlich wichtig. Bei Störungen der Regulationsvorgänge kann es zu einem unerwünscht weichen Kot oder sogar zu Durchfall kommen. Normalerweise zeigt der Dickdarminhalt einen Wasseranteil von 60 bis 75 %.

Neben pH-Wert und Wassergehalt des Darminhaltes ist auch die **Sauerstoffkonzentration** bedeutsam. Diese nimmt im Laufe der Darmpassage stark ab. Die Bedingungen im Darmrohr werden dadurch zunehmend ungünstig für Keime, die über das Futter aufgenommen wurden und für ihr Überleben Sauerstoff benötigen.

Die Sauerstoffverarmung in den hinteren Darmabschnitten ist jedoch eine ganz wesentliche Voraussetzung dafür, daß sich hier typische, an den Standort angepaßte Bakterien ansiedeln können. Diese Bakterien wurden im Laufe der Entwicklungsgeschichte zu Symbionten, d. h. es handelt sich um Keime, die mit dem Wirtsorganismus in enger Gemeinschaft, gegenseitiger Abhängigkeit und zu beiderseitigem Nutzen leben. Der Hund bietet gleichsam in seinen hinteren Darmabschnitten eine »ökologische Nische«, die von diesen Bakterien eingenommen wird. Die »Gegenleistung« für die Bereitstellung eines geschützten Lebensraumes besteht darin, daß die Bakterien einen Teil der sonst unver-

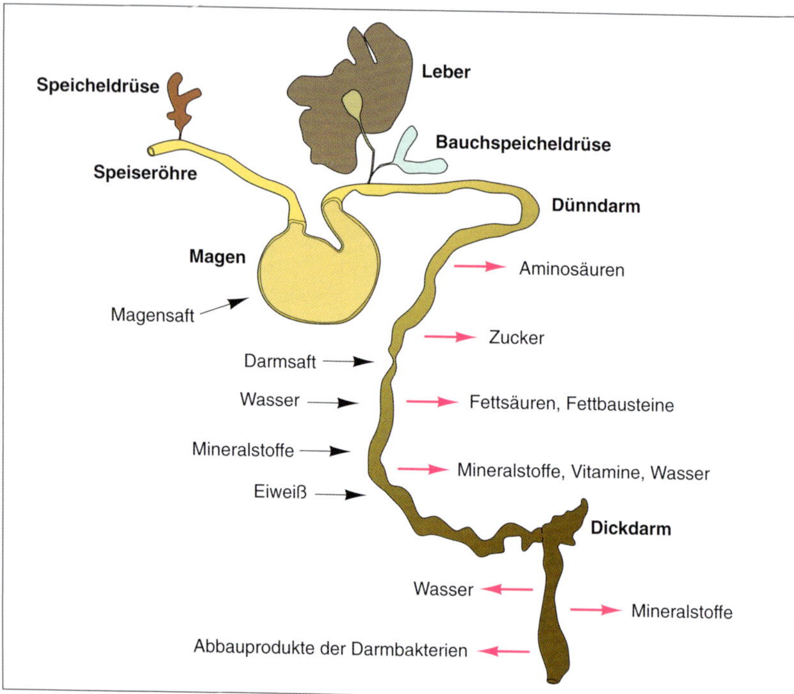

Übersicht über die Absorptions- und Sekretionsvorgänge im Magen-Darm-Trakt.

daulichen Nährstoffe (z. B. pflanzliche Faserstoffe) abbauen und durch ihre Stoffwechselprodukte (Vitamine, kurzkettige Fettsäuren) zur Nährstoffversorgung des Hundes beitragen. Solange sich dieses System im Gleichgewicht befindet, haben also beide Seiten ihren Nutzen!

Verdauungssekrete – Flüssigkeiten mit Schlüsselfunktion

In Magen-, Dünn- und Dickdarm werden nicht nur Nährstoffe absorbiert, zunächst fließen auch erhebliche Flüssigkeitsmengen in Form der Verdauungssekrete hinein. Die Verdauungsenzyme sind gleichsam der Schlüssel, der die komplexen Nahrungsbestandteile öffnet und Schritt für Schritt bis hin zu absorptionsfähigen Einzelteilen zerlegt.

Hunde kauen die aufgenommene Nahrung nicht besonders gründlich. Kompakte Stücke verschlingen sie oft ganz. Der Speichelfluß setzt bereits vor dem Freßvorgang ein, es handelt sich um ein unbewußt ablaufendes, vorbereitendes Geschehen. Dadurch kommt es jedoch selbst nach hastiger Aufnahme des Futters in der Maulhöhle zu einem mehr oder weniger intensiven Einspeicheln. Dafür sorgen besondere Drüsen, die im Kopfbereich an verschiedenen Stellen (Ohr, Unterkiefer, unter der Zunge, Backen) angeordnet sind. Der Speichel ist ein flüssiges und leicht schleimiges Medium, welches das Futter gleit- und transportfähig macht. Natürlich ist er besonders bei Trockenfutter nötig. Anders als bei Menschen oder Schweinen enthält der Speichel des Hundes keine Enzyme, so daß er für die Zerlegung der Nahrungsbestandteile keine Bedeutung hat. Er enthält allerdings viele Mineralien, die eventuell mit der Zahnsteinbildung in Zusammenhang stehen. Der angefeuchtete und gleitfähige Bissen gelangt aus dem Maul über den Schlund in die Speiseröhre und dann in den **Magen**.

Der Magen dient zunächst als Vorratsbehälter, gleichzeitig setzt aber auch die erste Stufe der Eiweißverdauung ein.

Unter Einwirkung von Salzsäure und dem Enzym Pepsin, das aus einer in der Magenwand produzierten Vorstufe entsteht, wird Eiweiß zerlegt. Der Magen selbst schützt sich durch eine Schleimschicht (daher die Bezeichnung »Schleimhaut«) vor der Selbstverdauung. Die Säure des Magens hat nicht allein den Zweck, das Pepsin zu aktivieren, sondern gleichsam eine Reinigungs- oder besser Desinfektionsfunktion.

Die **Salzsäure** des Magens führt zu einer weitgehenden Abtötung von Bakterien, die mit dem Futter oder aus der Umgebung aufgenommen werden.

So ist erklärlich, warum Hunde durchaus in der Lage sind, verdorbenes Futter oder Kadaver zu fressen, ohne daran gleich schwer zu erkranken – es sei denn, es haben sich Bakteriengifte gebildet. Eine ungenügende Säurebildung im Magen kann manchmal an der Entstehung der gefährlichen Magenblähung bzw. Magendrehung beteiligt sein (s. S. 102).

Im **Dünndarm** wird die im Magen begonnene Aufspaltung des Nahrungsproteins fortgesetzt, gleichzeitig kommt es auch zum Aufschluß von Kohlenhydraten und Fetten. Hier beginnt die wichtige Funktion von Leber und Bauchspeicheldrüse, den beiden großen Darmanhangsdrüsen.

Der **Bauchspeichel** ist ein basisches Sekret (pH 7 bis 8), das Enzyme zur Verdauung von Eiweiß, Kohlenhydraten und Stärke enthält.

Die Enzyme liegen in der Bauchspeicheldrüse in inaktiver Form vor und werden erst nach Freisetzung im Darminneren aktiviert. Bemerkenswert ist beim Hund eine hohe Kapazität für die Fettverdauung. Ist die Bauchspeicheldrüse in ihrer Funktion beeinträchtigt, kommt es zu erheblichen Verdauungsstörungen, m. o. w. alle Nährstoffe, insbesondere jedoch das Fett betreffend. Ein weiteres, für die Dünndarmverdauung wichtiges Sekret ist die Galle, die in der Leber gebildet und dann in der Gallenblase zwischengelagert wird. Ihre Farbe ist durch die Gallenfarbstoffe grün-gelblich, die Konsistenz dickflüssig-fadenziehend. Die Fettabsorption ist ohne Zufluß ausreichender Gallemengen nicht möglich.
Die Gallensäuren sind die wichtigsten Bestandteile der Galle, da sie die

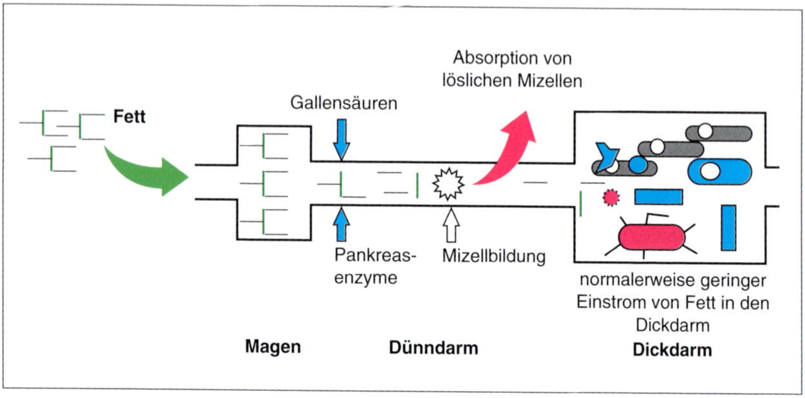

Übersicht über die Fettverdauung.

Galle aktiviert die fettspaltenden Enzyme aus der Bauchspeicheldrüse und erhöht die Löslichkeit der freigesetzten Fettbestandteile.

Spaltprodukte des Nahrungsfettes in eine besondere physikalische Form (sogenannte Mizellen) bringen, so daß sie eine größere Wasserlöslichkeit haben. Aufgrund dieser Eigenschaft sind sie in der Lage, die Darmwand zu durchdringen, so daß ihnen gleichsam eine Transporterfunktion zukommt.

Neben den aus den Anhangsdrüsen zufließenden Sekreten hat auch der von den Zellen der Darmwand selbst gebildete Saft eine für die Verdauung wichtige Funktion. Durch die enthaltenen Enzyme zur Spaltung von Eiweiß, Fetten und Kohlenhydraten werden die durch den Bauchspeichel bereits vorverdauten Bruchstücke weiter zerlegt. Zusätzlich wirken die im Bürstensaum des Dünndarms vorhandenen Verdauungsenzyme, die größere Bausteine von Eiweiß, Fett und Kohlenhydraten in absorptionsfähige Einheiten zerlegen, so die Zweifachzucker in Einfachzucker oder die Eiweißfragmente in Aminosäuren.

Im **Dickdarm**, teils auch schon in den hinteren Abschnitten des Dünndarms, werden die von Bakterien gebildeten Enzyme zunehmend bedeutsam. Prinzipiell sind Mikroorganismen in der Lage, die meisten Inhaltsstoffe des Futters zu verwerten.

Die besondere Bedeutung mikrobieller Enzyme liegt in der Fähigkeit, pflanzliche Faserstoffe sowie sonstige, durch körpereigene Enzyme unverdauliche Stoffe weitgehend zu spalten (ausgenommen Keratine).

Diese Fähigkeit hat Vor- und Nachteile: Der **Nutzen** liegt darin, daß aus ansonsten unverdaulichen Komponenten Abbauprodukte gebildet werden, die der Organismus durchaus verwerten kann. So entstehen aus pflanzlichen Faserstoffen flüchtige Fettsäuren (Essig-, Propion- und Buttersäure), die von der Darmwand als Energiequelle genutzt werden bzw. nach der Absorption vom Organismus verwendet werden können. **Nachteilige** Konsequenzen erwachsen aus dem bakteriellen Eiweißabbau: Die Bakterien zerlegen Aminosäuren weitgehend; dabei entstehen auch schädliche Abbauprodukte wie Ammoniak oder Schwefelwasserstoff: beides sind starke Zellgifte. Bei einseitiger Ernährung mit Fleisch oder Schlachtabfällen kommt es auch zu einer Umschichtung in der bakteriellen Besiedlung im Dick- und Dünndarm. Bestimmte eiweißverwertende Keime, z. B. Clostridien, wachsen verstärkt, während andere Keimgruppen deutlich reduziert werden (s. Abb. S. 21).

Absorption und Verdaulichkeit

Für die praktische Fütterung interessiert allgemein nicht so sehr, **wie** ein Nährstoff über die Darmwand transportiert wird, sondern in **welchem Umfang** das Futter im Magen-Darm-Trakt verdaut und dem Organismus verfügbar gemacht wird.

In der Tierernährung wird zur Charakterisierung der Abbau- und Absorptionsrate von Futterinhaltsstoffen üblicherweise der Begriff der »Verdaulichkeit« benutzt.

Grundsätzlich gilt, daß von einem hochverdaulichen Futter ein größerer Anteil absorbiert und demzufolge nur eine geringe Menge über den Kot ausgeschieden wird. Die Verdaulichkeit gibt die Differenz zwischen der Nährstoffaufnahme mit dem Futter und der Nährstoffausscheidung über den Kot an. Korrekterweise spricht man von der »scheinbaren Verdaulichkeit«, wobei üblicherweise angegeben wird, wieviel Prozent des aufgenommenen Nährstoffs scheinbar verdaut werden.

Der Zusatz »scheinbar« wird benutzt, da im Kot nicht nur die unverdauten Bestandteile des Futters, sondern auch Verdauungssekrete oder abgeschilferte Zellen aus dem Verdauungstrakt enthalten sind, die in die Berechnungsformel als unverdautes Material eingehen. Die scheinbare Verdaulichkeit unterschätzt also die

Scheinbare Verdaulichkeit

$$\text{scheinbare Verdaulichkeit (\%)} = \frac{\text{Nährstoffaufnahme} - \text{Nährstoffausscheidung}}{\text{Nährstoffaufnahme}} \times 100$$

Beispiel

Ein Hund hat 100 g Rohprotein mit dem Futter aufgenommen, 15 g Rohprotein wurden über den Kot ausgeschieden:

$$\text{scheinbare Verdaulichkeit des Rohproteins} = \frac{100-15}{100} \times 100 = 85\ \%$$

85 g von insgesamt aufgenommenen 100 g Rohprotein standen demnach für die Nutzung im Organismus zur Verfügung.

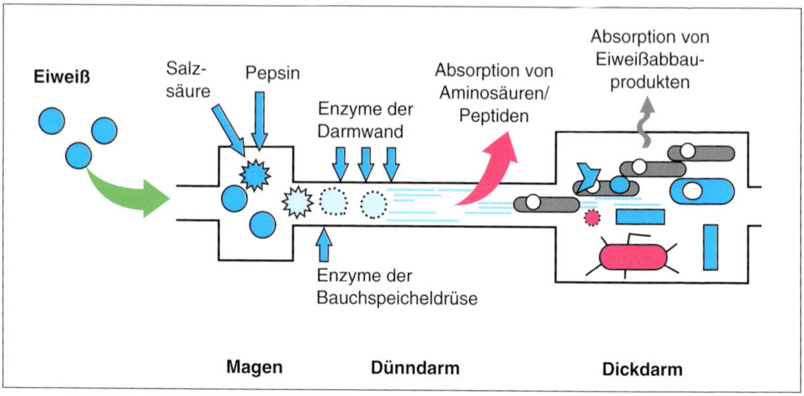

Abbau von Eiweiß im Magen-Darm-Trakt.

»wahre« Verdaulichkeit von Futterbestandteilen mehr oder weniger stark, insbesondere beim Protein, aber auch bei einigen Mineralstoffen, z. B. Kalzium.

Eiweiß wird durch die bereits beschriebenen Mechanismen im Magen und Dünndarm in seine Bausteine, die **Aminosäuren**, zerlegt. Teilweise werden aber auch größere Einheiten, sogenannte Peptide, bestehend aus bis zu vier Aminosäuren, absorbiert. Die Absorption der Aminosäuren findet im Dünndarm nach entsprechender Einwirkung der Verdauungsenzyme statt und wird über Trägermoleküle im Bürstensaum bzw. in der Darmwand vermittelt. Ein verhältnismäßig kleiner Anteil des Proteins (ca. 10 %) fließt in den Dickdarm und wird dort durch die Bakterien abgebaut.

Die Belastung des Organismus mit schädlichen Abbauprodukten, die durch die mikrobiellen Abbauprozesse im Dickdarm entstehen, ist bei bedarfsgerechter Menge und hoher Qualität des Nahrungsproteins gering. Die Gesamtverdaulichkeit guter Eiweißquellen (z. B. Fleisch, bindegewebsarme Schlachtabfälle, Milch, Ei, aber auch aufbereitetes Sojaprotein) erreicht Werte von bis zu 90 % und mehr.

Werden Hunde dagegen mit weniger hochwertigen Proteinen ernährt (z. B. bindegewebsreiche Schlachtabfälle, Sehnen, Knorpel), so ist die Abbaubarkeit durch körpereigene Enzyme im Dünndarm gering. Ein erheblich größerer Anteil des Nahrungsproteins fließt in den Dickdarm. Unter diesen Umständen ist die Versorgung des Tieres mit Aminosäuren deutlich geringer als bei Verabreichung gleicher Mengen eines hochwertigen Proteins. Die Bakterien des Dick- und Dünndarms finden andererseits zusätzliche Nahrung. Es kommt zu einer Begünstigung des Wachstums eiweißabbauender Keime, die sich bis in den Dünndarm ausbreiten und andere, weniger gut angepaßte, aber eigentlich für die Verdauung wichtige Mikroorganismen zurückdrängen. Damit

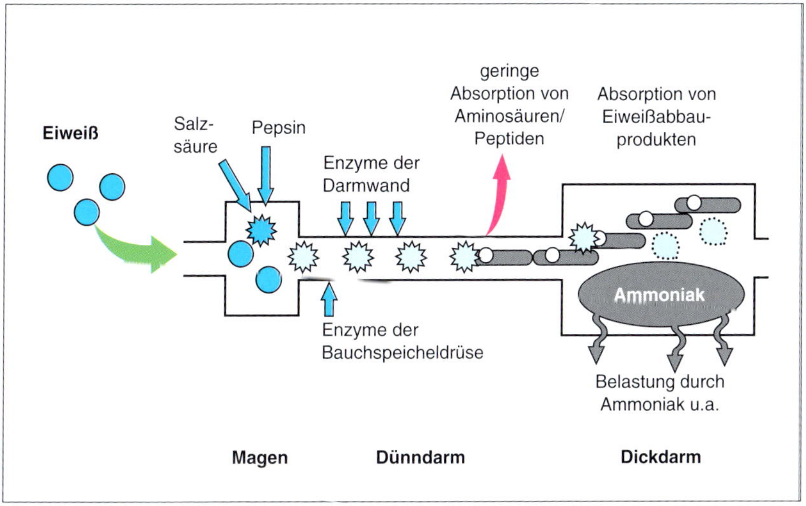

Folgen der Aufnahme zu hoher Eiweißmengen bzw. schlecht verdaulicher Eiweißqualitäten.

Scheinbare Verdaulichkeit von Rohprotein, Rohfett und Kohlenhydraten gängiger Futtermittel

Scheinbare Verdaulichkeit (% der Aufnahme)					
Rohprotein		**Rohfett**		**Kohlenhydrate (NfE)**	
Fleisch	95–98	Rinderfett	84–99	Weizen, aufgeschlossen	99
Pansen	93	Schweineschmalz	96	Mais, aufgeschlossen	99
Grieben	93	Gänseschmalz	98	Hafer, gekocht	96
Milch	95	Butterfett	95–97	Reis, gekocht	98
Quark	85	Fischöl	97	Kartoffeln, gekocht	95
Sojaextraktionsschrot	84	Sojaöl	96	Brot	74–79
Ackerbohnen	74	Maisöl	97	Rohrzucker	94–99
Gemüse	63	Olivenöl	98	Milchzucker	variabel!

geht eine vermehrte Bildung mikrobieller Eiweißabbauprodukte wie Ammoniak oder Schwefelwasserstoff einher, die den Organismus des Hundes belasten: sie müssen in aufwendigen Stoffwechselprozessen in der Leber entgiftet werden.

Die Eiweißversorgung muß stets bedarfsdeckend sein, aber nicht so hoch, daß nachteilige Folgen im Magen-Darm-Trakt bzw. im Gesamtorganismus entstehen.

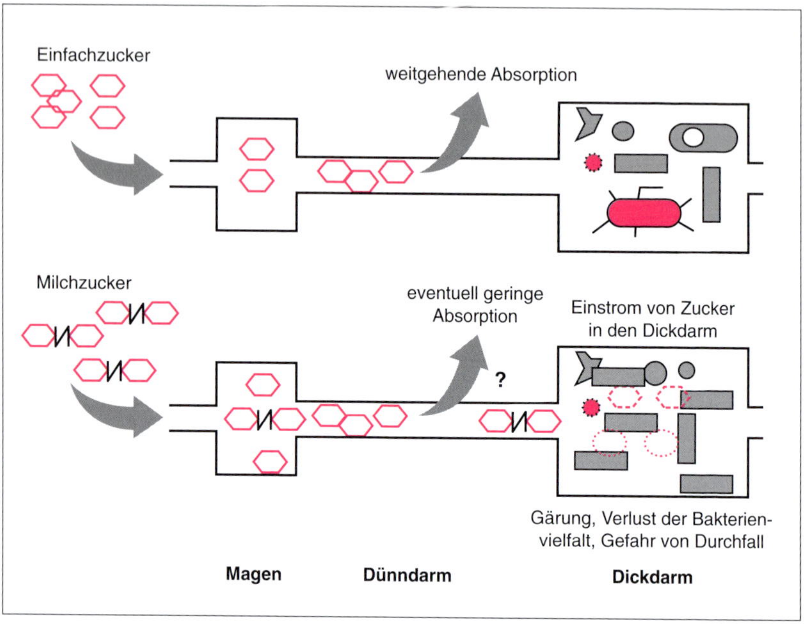

Absorption von Zucker im Dünndarm. Milchzucker wird von manchen Hunden schlecht vertragen.

Fette und Öle sind nicht nur besonders energiereiche Inhaltsstoffe des Futters, sie werden zudem auch hoch verdaut. Dieses trifft insbesondere auf die Fettsorten mit höherem Anteil ungesättigter Fettsäuren zu, beispielsweise Schweine- oder Geflügelfett, Soja- oder Maiskeimöl. Die Verdaulichkeit erreicht bei diesen Fetten meist über 95 % (s. Tab. S. 21). Geringere Werte wurden bei Verabreichung von sehr hartem Rindertalg beobachtet, der weniger ungesättigte Fettsäuren enthält als die zuvor genannten Sorten. Gesunde Hunde vertragen fettreiche Mischfutter problemlos.

Bei den **Kohlenhydraten** hängt die Verdaulichkeit von ihrer chemischen Beschaffenheit, d.h. den beteiligten Zuckerbausteinen, der Kettenlänge und der Art der chemischen Bindung zwischen den Kettengliedern ab. **Einfachzucker**, z.B. Glukose, werden im Dünndarm vollständig absorbiert, da sie nicht zuvor durch Verdauungsenzyme aufgeschlossen werden müssen und als absorptionsfähige Bausteine vorliegen.

Etwas komplizierter wird es bei **Zweifachzuckern**, d.h. bei Molekülen, in denen 2 Einfachzucker über eine Bindung miteinander verknüpft sind. Während einige Vertreter dieser Gruppe fast ebenso gut wie die Glukose absorbiert werden, da ihre Bindung für die körpereigenen Verdauungsenzyme leicht zu »knacken« ist, kann insbesondere der Milchzucker

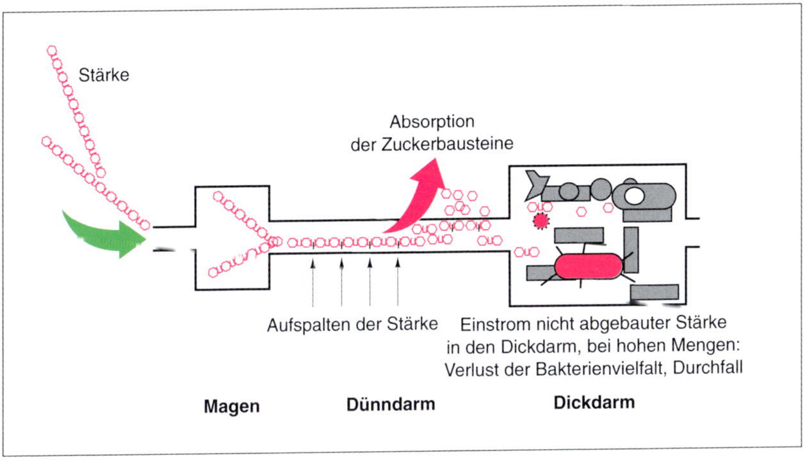

Die Stärkeverdauung im Magen-Darm-Trakt.

problematisch sein. Dieser kommt sowohl in der Hunde- als auch in der Kuhmilch und in den daraus gewonnenen Produkten vor. Im Milchzucker sind die beiden Bausteine so verknüpft, daß sie nicht bei allen erwachsenen Hunden durch körpereigene Enzyme abgebaut werden können. Anders als Welpen haben nicht alle älteren Hunde das notwendige Verdauungsenzym (Laktase), um diese Bindung zu spalten, so daß der Milchzucker unverdaut durch den Dünndarm fließt und erst im Dickdarm durch Bakterien abgebaut wird. Dabei kommt es zu einem verstärkten Wachstum bestimmter Bakterien, und es entwickeln sich Unverträglichkeitssymptome, insbesondere ein säuerlich riechender Durchfall.

Neben den Zweifachzuckern gibt es **Mehrfachzucker**, die als Speicherkohlenhydrate (Nicht-Stärke-Polysaccharide wie Stachyose und Raffinose) in bestimmten Pflanzenteilen, z. B. in der Sojabohne, vorkommen. Von diesen Kohlenhydraten werden hohe Anteile ebenfalls erst im Dickdarm mikrobiell fermentiert, so daß ähnliche Probleme auftreten können wie beim Milchzucker.

Größere Bedeutung in der Fütterungspraxis hat die **Stärke**. Vorausgesetzt, die Stärke ist richtig vorbereitet (feine Vermahlung, durch feuchte Wärme, Druck etc. aufgeschlossen), werden die kettenförmigen Moleküle sehr effektiv aufgespalten, so daß sie insgesamt hoch verdaulich sind (s. Tab. S. 21) und nur geringe Mengen im Dickdarm bakteriell umgesetzt werden. Die Verträglichkeit von Stärke ist allgemein hoch, so daß diese zu Recht einen wichtigen Energieträger im Hundefutter darstellt.

Die pflanzlichen **Faserstoffe** sind im Gegensatz zur Stärke dadurch charakterisiert, daß sie durch die körpereigenen Enzyme überhaupt nicht, sondern ausschließlich und oft auch nur unvollständig durch bakterielle Enzyme im Dickdarm zerlegt werden. Sie fungieren deshalb als Ballaststoffe, d.h. sie werden großteils unverdaut wieder ausgeschieden. Begründet wird ihr Ballaststoffcharakter durch die besondere Struktur der Bindung zwischen den Zuckerbausteinen.

Wasser und **Mineralstoffe** werden sowohl in das Innere des Dünn- bzw. Dickdarms ausgeschieden als auch wiederum absorbiert. Für den Wassergehalt im Kot sind sowohl vom Darminhalt ausgehende Faktoren (Wasserbindung, mikrobielle Aktivität) als auch hormonelle Steuerungsmechanismen bestimmend. Kalzium, der mengenmäßig bedeutsamste Mineralstoff, wird insbesondere beim Jungtier nicht nur passiv, sondern auch mit Hilfe eines aktiven, über Vitamin D gesteuerten Transportvorganges im Dünndarm absorbiert, je nach »Angebot und Nachfrage«. Phosphor kann sowohl aus dem Dünn- als auch aus dem Dickdarm absorbiert werden. Während Natrium zu erheblichem Anteil erst im Dickdarm aufgenommen wird, ist der Dünndarm für die Absorption des Kaliums wichtig. Überschüssig aufgenommene Mineralien werden entweder über den Harn oder über den Darm wieder ausgeschieden.

Koordination der Verdauungsabläufe

Wie wird der Verdauungsapparat gesteuert? Verfolgt man den Weg des Futters durch den Magen-Darm-Trakt, so wird deutlich, daß es sich um ein wohlgeordnetes und durch zahlreiche ineinandergreifende Mechanismen reguliertes System handelt. Der Transport des Futters, die Absonderung von Verdauungssekreten und die Absorption der Nährstoffe unterliegen übergeordneten Steuerungsmechanismen, insbesondere durch Hormone. Sie werden aber auch durch lokale, d.h. in der Schleimhaut des Darmes gebildete Botenstoffe beeinflußt.

Zusammengenommen sind diese Vorgänge nicht nur wichtig für die Koordination der Verdauungsvorgänge, sondern sie ermöglichen auch eine ständige Anpassung an veränderte Umwelt- oder Ernährungsbedingungen. Die Umwelt kann wiederum in erheblichem Umfang Einfluß auf die Verdauungsvorgänge nehmen. Bekannt sind z.B. Signale, die auf die Speichelbildung einwirken: die Aussicht auf ein gutes Essen läßt »das Wasser im Munde zusammenlaufen«. Hier handelt es sich um einen Reflex, der unwillkürlich auf einen äußeren Sinnesreiz hin abläuft. Ähnliches ist beim Hund zu beobachten, der auf die Zuteilung seines Futters wartet. Es ist bekannt, daß Hunde individuell auf belastende Situationen mit Verdauungsstörungen, insbesondere Durchfall oder auch Futterverweigerung, reagieren können. Auch hier liegt eine Rückkoppelung zugrunde, indem Sinneseindrücke zu einer veränderten Reaktivität des unbewußten Nervensystems führen.

Die verschiedenen Futtermittel

Die Ration des Hundes muß **schmackhaft, verträglich** und **im Nährstoffgehalt ausgeglichen** sein.

Der gesunde Hund soll sein Futter gern und zügig fressen. Steht er mit »langen Zähnen« vor dem Napf, dann ist das Futter allgemein oder speziell für ihn nicht das richtige.

Das Futter muß verträglich sein. Auch gern gefressene Futter erfüllen diese Forderung nicht immer. Die Verträglichkeit zeigt sich zunächst im Verdauungskanal. Nach dem Fressen darf der Hund nicht würgen oder gar erbrechen, er soll keine Blähungen, geschweige denn Durchfall oder Verstopfung bekommen. Darüber hinaus darf das Futter aber auch insgesamt den Organismus nicht belasten. Es muß frei sein von Infektionserregern (Bakterien, Viren, Pilzen), Parasiten (z. B. Wurmeiern), Schadstoffen oder Giften.

Die Forderung nach einem ausgewogenen Nährstoffangebot ist schon schwerer zu erfüllen. Der Hund benötigt über **25 lebensnotwendige Stoffe**; sie müssen in ausreichenden, aber auch nicht überhöhten Mengen und in einem ausgewogenen Verhältnis zueinander in der Ration enthalten sein. Neben der Futterenergie zählen dazu das Eiweiß (mit seinen Baustoffen, den Aminosäuren) bestimmte Fettsäuren, die Mengenelemente wie Kalzium, Phosphor, Magnesium, Kalium, Natrium und Chlor, die Spurenelemente Eisen, Kupfer, Zink, Mangan, Jod und Selen, aber auch die fettlöslichen Vitamine A, D, E und K und die wasserlöslichen B-Vitamine.

Die zunächst einfach klingenden Anforderungen an eine richtige Futterration erweisen sich beim näheren Hinsehen als etwas komplizierter. Doch jeder kann nach Vorkenntnis, Zeit und Interesse diese Aufgabe bewältigen. Zwei verschiedene Wege bieten sich an:

a) Verwendung eines industriell hergestellten Alleinfutters,
b) Herstellung einer Ration aus verschiedenen Einzelfuttermitteln (z. B. Schlachtabfälle und Getreideflocken, ggf. unter Verwendung eines Mineralfutters oder anderer Ergänzungsfutter).

Alleinfutter vereinfachen die Fütterung erheblich. Der Hundehalter muß nur noch das richtige Produkt auswählen und die richtigen Mengen zu-

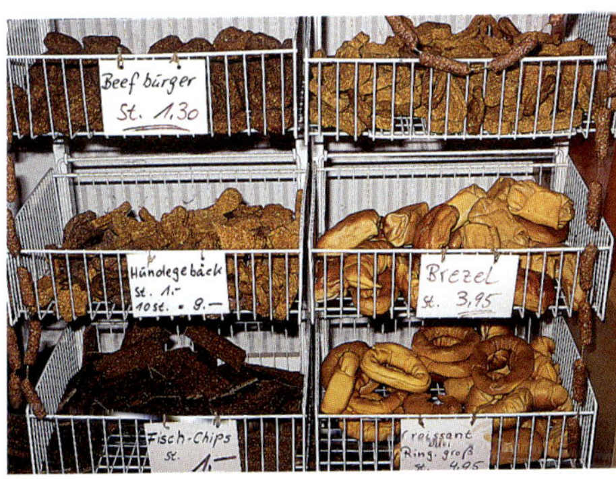

Kleines Segment aus dem großen Angebot an Beifutter.

Vorschriften für die Kennzeichnung von Mischfuttermitteln

1. Bezeichnung des Futtermittels (s. S. 27)
2. Angaben über
   - Feuchtigkeit (wenn > 14 %)
   - Inhaltsstoffe (s. S. 29)
   - enthaltene Einzelfuttermittel bzw. Futtermittelgruppen (s. S. 32)
   - Nettogewicht
   - Mindesthaltbarkeitsdatum bzw. Herstellungsdatum
   - Zusatzstoffe (s. S. 35)
3. Name und Anschrift des Verantwortlichen, der das Futter in den Verkehr gebracht hat

teilen. Gegenüber Alleinfuttermitteln, aber auch anderen Handelsfuttermitteln bestehen gelegentlich Vorbehalte. Sie sind aber in aller Regel nicht gerechtfertigt. Dafür sorgt zunächst das deutsche bzw. europäische Futtermittelrecht.

Danach
- dürfen Futtermittel nicht gesundheitsschädigend sein,
- müssen sie von handelsüblicher Reinheit und Unverdorbenheit sein (sofern keine besonderen Angaben gemacht werden),
- dürfen unerwünschte Stoffe oder kritische Nährstoffe in Futtermitteln bestimmte Höchstgehalte nicht überschreiten,
- dürfen sie nur Zusatzstoffe enthalten, die zugelassen sind,
- müssen sie ausreichend gekennzeichnet sein, so daß der Käufer Wert und Einsatzmöglichkeit beurteilen kann.

Darüber hinaus wird jeder seriöse Futtermittelhersteller bemüht sein, seine Kunden (Hunde und Besitzer) auch langfristig zufriedenzustellen. Der Argwohn, solche Futtermittel würden unter Verwendung auch der letzten Abfälle und geheimnisvoller Wundermittel produziert, um schneller Geld zu machen, ist abwegig. Auch die wachsende Konkurrenz auf diesem Markt ist der Motor für die Sicherung und – bei neuen Erkenntnissen – auch für die ständige Verbesserung der Futterqualität.

Andererseits besteht aber keine Notwendigkeit, nur Alleinfutter einzusetzen. Mit einigen Vorkenntnissen, Umsicht und keiner Scheu vor zusätzlicher Arbeit lassen sich aus verschiedenen Einzelfuttermitteln schmackhafte, verträgliche und ausgewogene Rationen herstellen.

Einkauf industriell hergestellter Futtermittel

Einteilung

Wer in einem Supermarkt oder im Zoofachhandel die Abteilung für Hundefutter aufsucht, wird vermutlich von der Fülle des Angebots eher verwirrt sein. Was ist das Richtige für meinen Hund? Wie überall im Leben ist eine gewisse Systematisierung notwendig. Die Angaben in der folgenden Tabelle können dabei helfen. Neben **Alleinfuttern** (auch als Vollkost bezeichnet) gibt es **Ergänzungsfuttermittel**, aber auch diverse **Beifutter**.

Hat man eine klare Vorstellung, welcher Futtertyp gekauft werden soll – also ein Alleinfutter, Ergänzungsfutter oder nur ein Beifutter –, beginnt die eigentliche Auswahl innerhalb dieser verschiedenen Typen. Auf jeder Packung (Dose, Tüte, Sack, Eimer etc.) findet sich eine Fülle von Angaben:

- Bilder über verwendete Futtermittel,
- Phantasienamen,
- Rationstabellen,
- enthaltene Inhaltsstoffe,
- Herstellungsart,
- Anpreisungen jeglicher Art über die Qualität dieses Produkts.

Einteilung und Definition industriell hergestellter Futtermittel

Alleinfutter	sollen bei ausschließlicher Verwendung alle Nahrungsbedürfnisse des Hundes erfüllen; Einteilung in: • Trockenfutter • Feucht-(Dosen-)futter • halbfeuchte Futter
Ergänzungsfuttermittel	sollen bestimmte Futtermittel so ergänzen, daß die Gesamtration alle notwendigen Nährstoffe erhält; Einteilung in: • kohlenhydratreiche Ergänzungsfutter • eiweißreiche Ergänzungsfutter • Mineralfutter bzw. vitaminierte Mineralfutter
Beifutter	kann zusätzlich zu Alleinfutter oder gemischten Rationen gegeben werden: • zur Belohnung • zur Reinigung der Zähne • zur Beschäftigung (Kauknochen)

Die Verpackung liefert, entsprechend den geltenden Rechtsvorschriften, ausführliche Informationen über die Futterzusammensetzung.

Kennzeichnung

Was muß man ernst nehmen, was ist schmückendes, eventuell aufgebauschtes Beiwerk? Nach dem Futtermittelrecht sind neben der Definition (Alleinfutter etc., siehe oben) bestimmte Angaben **Pflicht** (s. Tab. S. 26), die in jedem Fall angeführt und korrekt, d. h. nachprüfbar sein müssen. Anderes **darf** angegeben werden, doch dabei gibt es auch Grenzen.

Die Pflichtangaben sollten möglichst deutlich und eingerahmt, getrennt von allem Rankenwerk stehen. Aus der Bezeichnung des Futtermittels kann der Käufer gleich entnehmen, ob es sich um ein Alleinfutter oder ein Ergänzungsfutter (s. Tab. S. 27) handelt. Durch Zusätze kann der Hersteller auch weitere Intentionen, für welche Hunde sich das Futter besonders eignet, deutlich machen: z. B. Alleinfutter für Welpen oder für ältere Hunde.

Von den **Inhaltsstoffen**, die ein Futtermittel enthält, müssen die in der Tabelle auf S. 29 genannten aufgeführt werden. Mit »Feuchtigkeit« oder »Feuchte« ist schlicht der Wassergehalt im Futtermittel gemeint. Aus dieser Angabe kann der Käufer unmittelbar ablesen, wieviel Wasser er z. B. mit halbfeuchtem Futter oder Dosenfutter einkauft. Bei Trockenfuttern muß dieser Wert nicht angegeben werden, wenn er unter 14 % liegt; meistens erreicht er 10 bis 12 %.

Bei einem Dosenalleinfutter besagt also beispielsweise ein Feuchtigkeitsgehalt von 80 %, daß nur 1/5 des Doseninhalts (d. h. die enthaltene Trockensubstanz) nährenden Wert hat, der Rest könnte auch über Trinkwasser bereitgestellt werden.

Ein Unterschied im Feuchtigkeitsgehalt von 75 % in Futter A und 80 % in Futter B erscheint auf den ersten Blick fast ohne Bedeutung. Tatsächlich besagt er aber, daß eine 1-kg-Dose von Futter A 250 g, von Futter B 200 g Trockensubstanz enthält, in Dose A also 25 % mehr Futter als in Dose B ist. Dies sollte natürlich bei den Preisen deutlich werden. Selbst ein Unterschied in der Feuchtigkeit von nur 2 % bedeutet schon einen Unterschied in der Trockensubstanzmenge von 10 % (bei durchschnittlich 80 % Feuchte).

Auch der **Rohaschegehalt** liefert wertvolle Informationen. Die Rohasche umfaßt alle mineralischen Bestandteile des Futters – also nicht nur lebenswichtige Mineralstoffe, sondern auch wertlose Substanzen wie z. B. Sand. Das gelegentlich auf Packungen verwendete Synonym Mineralien für Rohasche ist darum irreführend. Ein bestimmter Rohaschegehalt ist für je-

Alleinfuttermittel für Hunde – Tiernahrung
Zusammensetzung: Fleisch und tierische Nebenerzeugnisse (5 Sorten à jeweils: mind. 4%) Getreide, pflanzliche Eiweißextrakte, Mineralstoffe, pflanzliche Nebenerzeugnisse.
Inhaltstoffe: Rohprotein: 9,0%, Rohfett: 6,0%, Rohasche: 2,0%, Rohfaser: 0,3%, Feuchtigkeit: 80,0%.
Zusatzstoffe: Vitamin E: 25 mg/kg, Vitamin D: 150 IE/kg. Haltbarkeit der Vitamine bis zum Mindesthaltbarkeitsdatum. Mindesthaltbarkeitsdatum und Bezugsnummer der Partie: siehe Deckel oder Boden.

Pflichtangaben zur Kennzeichnung eines Mischfutters für Hunde.

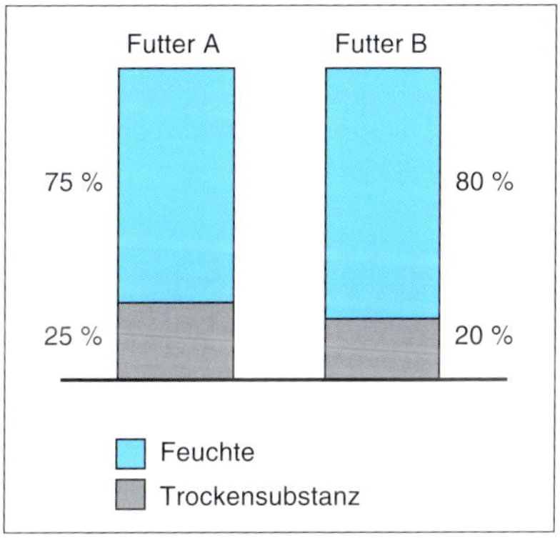

Was bedeutet die Angabe von 75% Feuchte (Futter A) oder 80% Feuchte (Futter B) für den Futterwert? Erklärung siehe Text.

Futterinhaltsstoffe, die in Mischfuttern angegeben werden müssen*

In Alleinfuttern und Ergänzungsfuttern (außer in Mineralfuttern):	In Mineralfuttern:
Feuchtigkeit (wenn > 14 %)	Kalzium
Rohasche	Phosphor
Rohprotein	Natrium
Rohfett	
Rohfaser	

* in % der Originalsubstanz (beachte: Angabe in % entspricht numerisch der Menge in Gramm pro 100 g Futter)

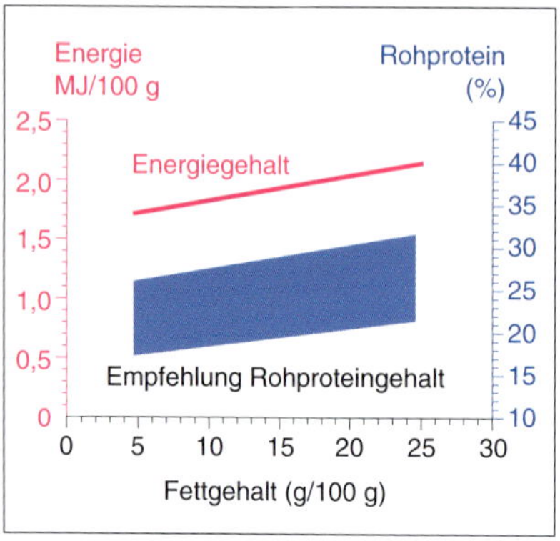

Veränderungen des Energiegehaltes in einem Trockenalleinfutter bei steigendem Fettgehalt; Empfehlungen für optimale Rohproteingehalte.

des Alleinfutter unentbehrlich, da sich dahinter auch die lebenswichtigen Mineralstoffe Kalzium, Phosphor, Natrium etc. verbergen. Wenn allerdings der Rohaschegehalt in einem Alleinfutter auf über 10 % in der Futtertrockensubstanz ansteigt, so ist das eher ein Nachteil, denn Asche enthält keine Energie. Beim Vergleich von Trocken- oder Feuchtfuttern ist es wichtig, die jeweils genannten Werte auf Trockensubstanz zu beziehen. Ein Trockenfutter mit 8 % Rohasche und 90 % Trokkensubstanz enthält 8 : 90 × 100 = 8,9 % Rohasche in der Trockensubstanz, ein Feuchtfutter mit 2,5 % Rohasche und 20 % Trockensubstanz (= 80 % Feuchte) dagegen 12,5 % Rohasche in der Trockensubstanz.

Das **Rohprotein** ist der Maßstab für den Stickstoff- und damit den Eiweißgehalt des Futters, nicht für die Eiweißqualität. Er sagt also nichts aus über die Gehalte an Bausteinen, den Aminosäuren (s. Abb. S. 9), oder die Höhe der Verdaulichkeit. Über die zweckmäßige Menge an Rohprotein im Futter gibt die nebenstehende Abbildung Auskunft.

Das **Rohfett** repräsentiert die im Futter enthaltenen Fette. Eine bestimmte Mindestmenge (rd. 5 % in der Trockensubstanz) ist zur Versorgung mit essentiellen Fettsäuren und

Berechnung der stickstofffreien Extraktstoffe in einem Trockenfuttermittel

Kennzeichnungsangaben		Gehalte (g) pro 100 g Futter
Rohasche	6 %	6
Rohprotein	25 %	25
Rohfett	10 %	10
Rohfaser	3 %	3
Feuchte[1]	10 %	10
Summe	54 %	54
Stickstofffreie Extraktstoffe[2]	46 %	46

[1] Muß nicht deklariert werden, sofern der Wassergehalt (Feuchte) unter 14 % liegt. Bei Trockenfutter sind im allgemeinen 10 bis 12 % anzusetzen.
[2] Der Gehalt errechnet sich aus der Differenz zwischen der Summe der übrigen Inhaltsstoffe und 100.

für die Absorption der fettlöslichen Vitamine unentbehrlich. Eine obere Grenze ist nicht strikt festzulegen, da der Hund Fette sehr gut verdaut. Mit steigenden Fettgehalten im Futter nimmt bei sonst gleichen Bedingungen der Energiegehalt linear zu (s. Abb. S. 30); proportional müssen auch die Gehalte der übrigen Nährstoffe ansteigen.

Die **Rohfaser** enthält schwer verdauliche oder unverdauliche Komponenten pflanzlicher Herkunft (s. S. 11). Geringe Mengen sind für die Regulation der Darmtätigkeit ebenso wie für die Stabilisierung der Kotkonsistenz unentbehrlich. Gehalte von über 4 % in der Trockensubstanz sind jedoch nicht erwünscht (außer bei Rationen für verfettete Hunde); sie sen-

Beispiel für die Berechnung des Gehalts an Bruttoenergie bzw. verdaulicher Energie in einem Trockenalleinfutter (pro 100 g ursprüngliche Substanz)

a) Berechnung der Bruttoenergie anhand der Gehalte an Inhaltsstoffen (nach Kennzeichnung)

Inhaltsstoff	g/100 g	Energiegehalt pro g (kJ)	Energie der Inhaltsstoffe (kJ)
Feuchte	10,0	–	
Rohasche	7,5	–	
Rohprotein	25,0	24,0	600
Rohfett	10,0	39,0	390
Rohfaser	3,5	17,5	61
Stickstofffreie Extraktstoffe*	44,0	17,5	770
Bruttoenergiegehalt, insgesamt			1821 (oder 1,82 MJ)

b) Berechnung der verdaulichen Energie

Schätzung der **Verdaulichkeit** der Bruttoenergie des Futters aufgrund bekannter Versuchsergebnisse. Für Trockenalleinfutter kann ein Pauschalwert von 85 %, für Feuchtalleinfutter von 90 % angenommen werden. Bei Trockenalleinfutter können die Werte zwischen 80–90, bei Feuchtalleinfuttern zwischen 85 und 95 % schwanken.

Die verdauliche Energie ergibt sich aus der Multiplikation des Bruttobrennwertes mit dem Verdaulichkeitswert (als Dezimale), d. h. 1,82 MJ × 0,85 = 1,55 MJ verdauliche Energie/100 g Frischsubstanz

c) Berechnung des verdaulichen Rohproteins

Als Verdauungswert kann ohne großen Fehler der unter b angenommene Wert herangezogen werden:

25 g Rohprotein × 0,85 = 21,3 g verdauliches Rohprotein pro 100 g Frischsubstanz

d) Berechnung des Verhältnisses g verdauliches Rohprotein pro 1 MJ verdauliche Energie

21,3 : 1,55 = 14 g verdauliches Rohprotein pro 1 MJ verdauliche Energie

* Berechnung der stickstofffreien Extraktstoffe s. Tab. S. 30.

Definitionen für Futtermittelgruppen, die bei der Kennzeichnung von Hundefuttermitteln verwendet werden können

Fleisch und tierische Nebenerzeugnisse:	alle Fleischteile geschlachteter warmblütiger Landtiere, frisch oder durch ein geeignetes Verfahren haltbar gemacht, sowie alle Erzeugnisse und Nebenerzeugnisse aus der Verarbeitung von Tierkörpern oder Teilen von Tierkörpern warmblütiger Landtiere
Milch und Molkereierzeugnisse:	alle Milcherzeugnisse, frisch oder durch ein geeignetes Verfahren haltbar gemacht, sowie die Nebenerzeugnisse aus der Verarbeitung
Eier und Eiererzeugnisse:	alle Eiererzeugnisse, frisch oder durch ein geeignetes Verfahren haltbar gemacht, sowie die Nebenerzeugnisse aus der Verarbeitung
Fisch und Fischnebenerzeugnisse:	Fische oder Fischteile, frisch oder durch ein geeignetes Verfahren haltbar gemacht, sowie die Nebenerzeugnisse aus der Verarbeitung
Getreide:	alle Arten von Getreide, ganz gleich in welcher Aufmachung, sowie die Erzeugnisse aus der Verarbeitung des Mehlkörpers
Öle und Fette:	alle tierischen und pflanzlichen Öle und Fette
Gemüse:	alle Arten von Gemüse und Hülsenfrüchten, frisch oder durch ein geeignetes Verfahren haltbar gemacht
pflanzliche Nebenerzeugnisse:	Nebenerzeugnisse aus der Aufbereitung pflanzlicher Erzeugnisse, insbesondere Getreide, Gemüse, Hülsenfrüchte, Ölfrüchte
pflanzliche Eiweißextrakte:	alle Erzeugnisse pflanzlichen Ursprungs, deren Proteine durch ein geeignetes Verfahren auf mindestens 50 % Rohprotein, bezogen auf die Trockenmasse, angereichert sind und umstrukturiert (texturiert) sein können
Bäckereierzeugnisse:	alle Erzeugnisse aus der Backwarenherstellung, insbesondere Brot, Kuchen, Kekse sowie Teigwaren

ken die Verdaulichkeit des Futters insgesamt und erhöhen die Kotmengen.

Stickstofffreie Extraktstoffe müssen nicht angegeben werden. Ihre Menge läßt sich jedoch aus den übrigen Werten leicht berechnen (s. Tab. S. 30). Ihr Anteil ist besonders in Trokkenfuttermitteln hoch, denn sie umfassen vor allem Stärke, aber auch Zucker sowie andere lösliche Anteile.

Mit Hilfe der angegebenen Werte kann dann auch der Energiegehalt eines Fertigfutters geschätzt werden, der für einen Preisvergleich, vor allem aber für die Futtermengenzuteilung wichtig ist. Angaben des Herstellers über den Energiegehalt sind nicht erlaubt, werden aber oft gemacht. Wer sich in diese Materie weiter einarbeiten will, kann dies anhand der Tabelle auf S. 31 versuchen.

Die in Futtermitteln enthaltenen Mengen an Kalzium, Phosphor und Natrium **müssen** in Mineralfuttern und **dürfen** in allen anderen Futtermitteln angegeben werden. Die meisten Hersteller nennen diese wichtigen Inhaltsstoffe.

> Die Qualität eines Mischfutters wird nicht allein durch die Inhaltsstoffe, sondern auch durch die verwendeten Komponenten bestimmt.

Stammt das Eiweiß aus Fleisch oder Bindegewebe, das Fett vom Rind oder Fisch, die Rohfaser aus Weizenkleie oder Grünmehl? Die Antwort soll die Angabe über die verwendeten Einzelfuttermittel geben, die entweder in Prozent (%) **oder** in absteigender Reihenfolge ihrer Anteile aufgeführt werden müssen. Die meisten Hersteller wählen die letztgenannte Möglichkeit. Dabei kann jedoch für ein Einzelfuttermittel, das in einem Mischfutter wesentlich ist (z. B. Fleisch), der Prozentsatz angegeben, d. h. herausgehoben werden.

Zu einer gewissen Verwässerung der Bestimmungen über die Aufführung der Einzelfuttermittel kommt es jedoch, weil nicht jedes Einzelfuttermittel, sondern alternativ nur bestimmte Gruppen von Einzelfuttermitteln angegeben werden dürfen, z. B. »Fleisch und tierische Nebenerzeugnisse« oder »pflanzliche Eiweißextrakte« (s. S. 32). Mit der Gruppenbezeichnung »Fleisch und tierische Nebenerzeugnisse« kann einerseits Muskulatur, andererseits aber bindegewebiger Schwartenanteil gemeint sein. Dahinter verbergen sich erhebliche Qualitätsunterschiede. Für Feuchtfuttermittel ergibt sich noch ein weiterer Nachteil aus der Regelung, die Einzelfuttermittel in absteigender Reihenfolge anzugeben. Werden z. B. »pflanzliche Eiweißextrakte« mit 90 % Trockensubstanz sowie »Fleisch und tierische Nebenerzeugnisse« mit nur 20 % Trockensubstanz verwendet, so wird letztere Gruppe fast immer an der Spitze stehen, obwohl ihr Anteil – bezogen auf die Trockensubstanz – meistens geringer sein wird als jener der pflanzlichen Produkte.

Für Käufer ist auch die vorgeschriebene Angabe des Netto-Gewichtes wertvoll. Im Zweifelsfall kann er nachwiegen und damit die Solidität des Herstellers bzw. des Verantwortlichen, der das Futtermittel in den Verkehr bringt (dessen Name und Anschrift auf keinem Etikett fehlen dürfen), überprüfen. Dabei ist hilfreich, daß die Futtermittel stets verpackt sein müssen, es sei denn, sie werden in Gegenwart des Käufers in kleineren

Empfehlungen für den Einkauf verschieden großer Packungen in Abhängigkeit von der Größe des Hundes

Gewicht des Hundes (kg)	Packungsgröße (kg) Trockenalleinfutter[1]	Feuchtalleinfutter[2]
bis 5	1	< 0,5
5–15	2,5	0,75
15–30	5	1,0
30–50	10	1,0
> 50	20	1,0

[1] Aufbewahrung, geöffnet: Sommer 2 bis 3 Wochen, Winter bis 4 Wochen
[2] Aufbewahrung, geöffnet im Kühlschrank: 1 bis 2 Tage

Mengen aus Behältnissen ausgewogen, deren Kennzeichnung einsehbar sein muß.

Aus Angaben über die **Mindesthaltbarkeitsdauer** – bei leicht verderblichen Mischfuttern mit dem Hinweis: spätestens zu verbrauchen am ... (Tag, Monat, Jahr) bzw. bei üblichen Mischfuttern: mindestens haltbar bis ... (Monat/Jahr) – kann man ausrechnen, welche Packungsgrößen beim Einkauf zweckmäßig sind. Die Haltbarkeitsdauer kann sich auch auf die zugesetzten Zusatzstoffe beziehen.

Da über Zweckmäßigkeit und Risiken der **Zusatzstoffe** oft Kenntnisse fehlen und damit viele Unsicherheiten bestehen, sollen sie ausführlich erläutert werden. Zusatzstoffe werden Futtermitteln zugesetzt, um sie mit manchen lebensnotwendigen Nährstoffen (Vitamine, Spurenelemente) zu komplettieren, um die Haltbarkeit des Futters oder einzelner Inhaltssstoffe zu sichern oder um Aussehen, Geschmack, Konsistenz oder Verarbeitungsfähigkeit zu verbessern. Teils sollen auch besondere Wirkungen, z. B. auf den Harn-pH, erzielt werden.

Nur amtlich zugelassene Stoffe, die vor der Zulassung eingehend auf ihre Verträglichkeit überprüft wurden, dürfen Futtermitteln für Hunde zugesetzt werden. Dazu zählen z. B. **keine** Antibiotika oder Hormone, wie oft noch angenommen wird.

Trotz strenger Vorprüfung sind Unverträglichkeitsreaktionen bei einzelnen Hunden durch diese Stoffe nicht auszuschließen, doch liegen bisher kaum wissenschaftlich eindeutig nachgewiesene Zusammenhänge vor zwischen der Aufnahme dieser Substanzen und Erkrankungen beim Hund. Auf Seite 35 folgt eine Aufstellung über die wichtigsten Gruppen an Futterzusatzstoffen, die in unterschiedlicher Weise auf dem Etikett genannt werden müssen bzw. können.

Spurenelemente und Vitamine zählen zu den unentbehrlichen, lebensnotwendigen Nährstoffen (s. S. 62 ff.). Sie müssen vielen Grundfuttermitteln zugesetzt werden, damit die Gesamtration vollwertig wird. Von

Zusatzstoffe, die in Futtermitteln für Hunde eingesetzt werden dürfen

	Kennzeichnungsregelungen		
	Pflichtangaben		freiwillig
	Name/Sonstiges	Menge[1]	
Spurenelemente Eisen, Jod, Kobalt, Kupfer, Mangan, Molybdän, Selen, Zink	Kupfer	+	bei Nennung des Namens muß auch die Menge angegeben werden
Vitamine, u. a. Vitamin A, B_1, B_2, B_6, B_{12}, C, D, E, K, Beta-Karotin, Biotin, Panthothensäure, Folsäure, Nikotinsäure	Vitamin A, D, E	+	
Antioxidantien Tocopherole (Vitamin E), Vitamin C, Butylhydroxitoluol (BHT), Ethoxyquin, Gallate u. a.	»mit Antioxidans« ... und der Bezeichnung[2]		
Aroma- und appetitanregende Mittel alle natürlich vorkommenden Stoffe und die ihnen entsprechenden synthetischen Stoffe	–		
Konservierungsstoffe Ameisen-, Milch-, Zitronen-, Essig-, Propion-, Salz-, Schwefel-, Wein-, Sorbin-, Phosphorsäure, z. T. auch ihre Salze, Natriumbisulfit, Natriumnitrit u. v. a.	»mit Konservierungsstoff« oder »konserviert mit« und der Bezeichnung[2]		
Färbende Stoffe Karotinoide (z. B. aus Mais, Orangen, Paprika, Tagetes), Patentblau, Gelborange, Tatrazin u. v. a.	»mit Farbstoff« oder »gefärbt mit« ...		
Säureregulatoren Ammoniumchlorid, Kalziumkarbonat, Salz-, Schwefelsäure	–		
Emulgatoren, Stabilisatoren, Verdickungs- u. Geliermittel z. B. Algenprodukte, Guargummi, Gummi arabicum, Pektine, Zellulosepulver, Glyzerin und Glyzerinverbindungen, Pentanatriumtriphosphat, Polyethylenglykol, Propandiol u. a.	–		
Bindemittel, Fließhilfsstoffe, Gerinnungshilfsstoffe u. a. Zitronensäure, Kaolinit, Tone, Kieselsäure, Stearate u. a.	Zitronensäure Bentonit – Montmorillonit		

\+ Mengenangabe vorgeschrieben – keine Angaben vorgeschrieben

[1] Bei Mengenangabe: allgemein in mg/kg Originalsubstanz
Vitamin A und D in Int. Einheiten (IE)/kg Originalsubstanz
Vitamin B_{12} und Biotin in µg/kg Originalsubstanz

[2] Angabe der einzelnen Stoffe ist entbehrlich (bei Packungen < 10 kg), wenn die Bezeichnung »EWG-Zusatzstoff« angefügt ist. Auf Anfrage muß der Hersteller einzelne Stoffe nennen.

den Spurenelementen (s. S. 35) müssen allein Kupfer, von den Vitaminen A, D und E genannt und mengenmäßig (außer Vitamin E) angegeben werden. Die übrigen Spurenelemente und Vitamine dürfen aufgeführt werden, dann müssen auch ihre Mengen genannt werden. Für die Spurenelemente sowie Vitamin D sind Höchstwerte festgelegt (Vitamin D z. B. 2000 IE/kg eines Alleinfutters mit 88 % Trockensubstanz).

Mineralstoffe und **Aminosäuren** sind zwar Ergänzungsstoffe, zählen aber futtermittelrechtlich nicht zu den Zusatzstoffen, sondern werden vom Gesetzgeber als Einzelfuttermittel behandelt.

Für die **Stabilisierung von Fetten** (Vermeidung von Ranzigwerden oder Farbveränderungen und damit von Akzeptanzminderung oder Schadwirkungen) und Vitaminen werden besonders in Trockenfuttern **Antioxidantien** eingesetzt. Sie können diese Schäden, die in Feuchtfuttern nicht vorkommen, sicher verhüten. Neben natürlich vorkommenden Produkten wie Vitamin E oder C werden auch technisch hergestellte Substanzen eingesetzt, z. B Ethoxyquin, Butylhydroxytoluol, Gallate u. a. (bis 100 bzw. 150 mg/kg Alleinfutter, 88 % Trockensubstanz).

Als **aroma- und appetitanregende Stoffe** sind alle Produkte – einschließlich entsprechender synthetischer Stoffe – erlaubt, von denen die genannten Wirkungen ausgehen. Dazu zählen Gewürze aller Art – z. B. Vanillin, Anis, Fenchel – vor allem aber Spaltprodukte verschiedener Eiweiße (z. B. aus Fleisch), deren Lösungen eventuell auf die Futterbrocken aufgesprüht werden. Daß Hunde nach solchen Substanzen »süchtig« werden, ist bisher nicht erwiesen und auch unwahrscheinlich.

Unter den zahlreichen zur **Konservierung** zugelassenen Stoffen sind besonders Propionsäure und ihre Salze sowie Sorbate zu nennen, die das Wachstum von Schimmelpilzen hemmen. Natriumsulfit und/oder Natriumbisulfit sind in den zugelassenen Mengen begrenzt (bis 500 mg insgesamt pro kg Alleinfutter), ebenso Natriumnitrit (bis 100 mg/kg Alleinfutter).

Bei den **Farbstoffen**, die dem Käufer eventuell das Vorkommen bestimmter hochwertiger Futterbestandteile suggerieren sollen, sind sowohl natürliche (z. B. gelbrote Stoffe aus verschiedenen Pflanzen) als auch synthetische Produkte zu nennen. Diese Stoffe dürfen jedoch nur nach den im Lebensmittelrecht festgelegten Bedingungen zugemischt werden. Von Farbstoffen wird heute kaum noch Gebrauch gemacht, da der Käufer – zu Recht – solche Manipulationen nicht mehr honoriert. Für den Hund, der nahezu farbenblind ist, sind sie sowieso überflüssig.

Säureregulatoren werden eingemischt, wenn die Gefahr eines alkalisch reagierenden Harns und damit das Risiko für die Entstehung bestimmter Harnsteine besteht. Sie kommen überwiegend in Spezialdiäten vor.

Zu den Zusatzstoffen, die die **Herstellung und Verarbeitung erleichtern**, zählt die Gruppe der **Emulgatoren, Stabilisatoren, Verdickungs- und Geliermittel** ebenso wie die **Bindemittel, Fließ- und Gerinnungshilfsstoffe**. Insbesondere bei Feuchtfuttern, deren Konsistenz geleeartig, d. h. deren

Wasser vollständig gebunden sein soll, werden Dickungs- und Geliermittel verwendet. Für diese Produkte, die im allgemeinen nur in geringen Mengen zugesetzt werden, bestehen keine oberen Grenzen in Mischfuttern. Dies gilt **nicht** für Pentanatriumtriphosphat, das vor dem Kochprozeß Fleischstücken oder Schlachtabfällen zugemischt wird, um ihre Struktur zu erhalten, auch nicht für Polyoxiethylen-Verbindungen und 1,2-Propandiol (Höchstmengen bis 5 g/kg Mischfutter, 88 % Trockensubstanz). Diese Stoffe dienen wesentlich dem Aussehen und der Konsistenz des Futters. Aus ernährungsphysiologischer Sicht sind sie entbehrlich, eventuell besteht sogar ein ungünstiger Effekt auf die Kotkonsistenz. Auch eine erhöhte Phosphor-Aufnahme erscheint nicht vorteilhaft.

Neben den amtlich vorgeschriebenen Angaben können zusätzliche, sachlich begründete, jedoch nach dem Futtermittelrecht festgelegte Informationen gegeben werden, z. B. über weitere Inhaltsstoffe, über die physikalische Beschaffenheit, die Be- und Verarbeitung der Futtermittel.

Unabhängig von solchen Angaben kann der Hersteller sein Futtermittel im besten Licht erscheinen lassen. Er darf aber **nicht:**

- Futtermittel unter irreführenden Bezeichnungen in den Handel bringen,
- Werbeaussagen machen, die sich auf die Beseitigung und Linderung von Krankheiten beziehen (außer Angaben zur Verhütung von Krankheiten, die durch einen Mangel an Nährstoffen verursacht werden), oder
- Futtermittel vertreiben, die die Gesundheit von Tieren schädigen.

Stimmt das Preis-Leistungs-Verhältnis?

Bei der Kaufentscheidung spielt auch der Preis eine Rolle, wenn man am Preis-Leistungs-Verhältnis interessiert ist.

Ein Preisvergleich auf der Basis Futtermenge ist keineswegs sinnvoll (wegen der Unterschiede im Wassergehalt, in der Verdaulichkeit sowie der Brennwerte pro Gewichtseinheit). Zweckmäßiger ist daher, die Kosten pro Energieeinheit (z. B. pro 1 MJ bzw. 1000 kJ) zu vergleichen. Wenn solche Werte vorliegen bzw. selbst berechnet werden (s. unten), so wird der Preis pro Gewichtseinheit durch den Energiegehalt pro Gewichtseinheit dividiert. Enthält z. B. ein Futter A in 100 g

Vergleich des Preis-Energie-Verhältnisses zwischen 2 verschiedenen Futtern

	Kosten pro 100 g (Cent)	Energiegehalt (MJ/100 g)	Kosten pro 1 MJ Energie (Cent)
Futter A	15	1,4	$\frac{15}{1,4} = 10,7$
Futter B	16	1,7	$\frac{16}{1,7} = 9,4$

1,4 MJ und kostet 15 Cent, ein Futter B dagegen 1,70 MJ bei einem Preis von 16 Cent pro 100 g, so ergeben sich pro 1 MJ Energie unterschiedliche Kosten.

Vorausgesetzt, die beiden Futter sind in anderen Eigenschaften (s. o.) gleichwertig, ist das teure Futter B vorzuziehen. Allerdings ist dies nur **ein** Kriterium, das unmittelbar beim Kauf beurteilt werden kann. Andere müssen hinzukommen (s. unten).

Welche Packungsgröße?

Beim Einkauf ist auch zu entscheiden: Welche Packungsgrößen bzw. wieviele Packungen sind mitzunehmen? Geöffnete Dosen sollten spätestens nach 2 Tagen verbraucht sein. Für kleine Rassen sind daher kleine Packungen angemessen. Trockenfutterpackungen sollten nach Öffnung bei kühler Lagerung und Verschluß nach der Entnahme allenfalls für 2 bis 4 Wochen reichen.

Weitere Kriterien

Neben der Kennzeichnung sollte der Käufer auch Äußeres und Inhalt von Futtermittelverpackungen beachten. Bei **Dosenfuttern** sprechen Rostflecke, Korrosionen etc. für eine lange oder unsachgemäße Lagerung. Eine Aufbeulung des Deckels ist ein sicheres Zeichen für Gasbildung und Verderbnisvorgänge im Inneren. Die meistens am Boden eingestanzten Zahlen geben über das Herstellungsdatum sowie über die Herstellungsreihe Auskunft. Bei Reklamationen sind diese Daten stets anzuführen. Nach Öffnen der Dose wird auf Geruchsabweichungen (sauer, muffig, faulig) geachtet. Die Farbe des Doseninhaltes kann bei den meisten Futtermitteln wegen eventuell zugesetzter Farbstoffe nicht als Hinweis auf die verwendeten Ausgangsmaterialien herangezogen werden: Ein intensiv rotes Produkt muß keineswegs besonders fleischreich sein!

Eine stärkere Fettschicht an der Oberfläche des Dosenfutters (oder am Unterrand des Deckels) muß nicht generell für ein fettreiches Produkt sprechen. Sie ist häufig Folge einer Entmischung des Doseninhaltes während der Temperaturbehandlung. Der Inhalt ist im allgemeinen von pudding- bzw. geleeartiger Konsistenz. Die Separierung von Wasser muß nicht auf einen relativ hohen Wassergehalt, die vollständige Bindung des Wassers nicht auf das Gegenteil hinweisen.

Auch bei **Trockenfuttern** kann die äußere Verpackung Qualitätshinweise geben. Bei fettreichen Produkten deuten Fettränder an den Papiersäcken auf eine ungenügende Verpackung bzw. zu hohe Aufsprühmengen oder eine Überlagerung hin, eventuell auch auf Ranzigkeit des Fettes. Defekte in der äußeren Verpackung, besonders an den Ecken, ermöglichen Schädlingsbefall.

Nach Öffnen der Verpackung soll der Geruch frisch und angenehm sein. Abweichungen (sauer, ranzig, muffig, faul) sprechen für eine Beeinträchtigung der Qualität. In Flockenfuttern können die einzelnen Komponenten der Futtermittel weiter identifiziert werden, wie Weizen-, Hafer-, Maisflocken, Möhren, Hülsenfrüchte oder aufgeschlossene Schlachtabfälle. Bei der visuellen Beurteilung sollte man

Beifutter für Hunde werden in unterschiedlichen Formen angeboten.

auf Fremdkörper achten. Nach längerer Lagerung bei höheren Temperaturen können z. B. vermehrt Insekten oder Milben auftreten. Einen nicht unwichtigen Hinweis über die Verarbeitung des Futters gibt der Abrieb, der sich am Boden einer Tüte oder eines Sackes ansammelt.

Gibt es spezielles Futter für bestimmte Rassen?

Im Handel werden z. T. Futtermischungen für kleine, mittelgroße und große Hunde angeboten, und mancher Hundehalter wird sich fragen, ob jedes Futter für jede Rasse geeignet ist. Nach den heutigen Kenntnissen scheinen Hunde verschiedener Rassen Alleinfuttermittel gleich gut zu verdauen. Es deutet sich jedoch an, daß bei manchen größeren Rassen Feuchtfutter zu weicherem Kot bzw. stärkerer Gasbildung führen, vermutlich weil bei größeren Rassen der Darm – bezogen auf das Gewicht – etwas kleiner ist. Unter den größeren Rassen sind offenbar Labradors und Doggen empfindlicher als beispielsweise Irische Wolfshunde. Von den übrigen Großrassen fehlen Vergleichswerte. Bei empfindlichen Rassen, ist es sinnvoll, überwiegend Trockenfutter zu verwenden.

Fütterung von Alleinfuttern

Alleinfutter werden immer beliebter. Sie sind leicht zu handhaben und sichern in der Regel ein ausgeglichenes Nährstoffangebot. Langfristige Versuche haben gezeigt, daß ihre ausschließliche Fütterung bei sachgerechter Zuteilung und gleichbleibender Qualität nicht zu gesundheitlichen Nachteilen führt. Aus diesem Grunde sollten diese Futtermittel ohne Ergänzungen verfüttert werden.

Energie- und Eiweißbedarf

Nach Auswahl eines Alleinfuttermittels stellt sich die Frage welche Menge? Diese leitet sich aus dem **Energiegehalt des Futters** und dem **Energiebedarf des Hundes** ab. Um diesen Zusammenhang richtig zu verstehen, sind Angaben zum Energiebedarf des Hundes nicht zu umgehen. Wegen der engen Verknüpfung von Energie- und Eiweißstoffwechsel wird dabei auch der Eiweißbedarf erläutert.

In der Tierernährung gilt als Maßstab für den Energiebedarf eines Tieres ebenso wie für den Energiegehalt der Futtermittel die Dimension Joule (J; früher Kalorie). Aus praktischen Gründen wird im allgemeinen mit den höheren Einheiten Kilojoule (1 kJ = 1000 J) bzw. Megajoule (1 MJ = 1000 kJ) gerechnet. Über die Brennwerte der wichtigsten Futterinhaltsstoffe siehe Tabelle auf S. 31.

Die aufgrund des Rohnährstoffgehaltes und des Energiewertes der Rohnährstoffe berechnete Energie (s. Tab. auf S. 31) bezeichnet man als **Bruttoenergie**. Sie steht dem Organismus nur zum Teil zur Verfügung, denn die im Futter enthaltenen Stoffe werden nicht vollständig verdaut. Nach Abzug der mit dem Kot abgehenden Energie von der Bruttoenergie des Futters verbleibt die **verdauliche Energie**, die bisher als Maßstab für die Energiebewertung der Futtermittel ebenso wie für den Energiebedarf des Hundes gewählt wird. Die verdauliche Energie läßt sich für die verschiedenen Futtermittel einfach berechnen, indem die verdaulichen Rohnährstoffe mit den jeweiligen Energiegehalten multipliziert werden (s. Tab. S. 31). Durch Korrektur mit den Verdauungswerten wird die unterschiedliche Verdaulichkeit der Futtermittel berücksichtigt. In neueren Publikationen werden Energiebedarf und -gehalt auch in der Dimension **umsetzbare Energie** (Energie im Futter minus Energie in Kot und **Harn**) angegeben. Die Werte liegen um 5 bis 10 % tiefer als bei der verdaulichen Energie, jedoch in gleicher Relation zwischen Bedarf der Hunde und Gehalt der Futtermittel wie bei der verdaulichen Energie. Damit ergeben sich keine Veränderungen bei Rationsberechnungen.

Hunde, die im Erhaltungsstoffwechsel stehen, d.h. keine zusätzlichen Leistungen wie Bewegung, Wachstum oder Reproduktion erbringen, benötigen täglich so viel Energie, daß sie weder Gewicht ab- noch zunehmen.

Die notwendige Energie zur Erreichung dieses Zieles steigt nicht proportional mit der Körpergröße, sondern mit der Körperoberfläche. Daher läßt sich der Energiebedarf verschieden großer Hunde leider nicht generell pro kg Körpergewicht angeben. Da Energie in Form von Wärme vor allem über die Haut verloren geht und die Körperoberfläche etwa in der 3/4 Potenz des Körpergewichts wächst, kann der Energiebedarf auf das sogenannte Stoffwechselgewicht (Körpergewicht zur 3/4 Potenz erhoben) bezogen werden. Dann ergibt sich ein Bedarf zwischen 0,45 und 0,55 MJ verdauliche Energie pro kg Stoffwechselgewicht – unabhängig von der Größe.

> Für die Fütterungspraxis folgt daraus, daß der Energiebedarf pro kg Körpergewicht bei großen Hunden geringer ist als bei kleinen Hunden.

Der Energiebedarf (bezogen auf das Stoffwechselgewicht) kann jedoch bei einzelnen Rassen – unabhängig von der Größe – variieren. In nebenstehender Abbildung sind die bisher bekannten Abweicher eingezeichnet. Doggen benötigen z. B. mehr Energie im Erhaltungsstoffwechsel als Beagles oder Neufundländer. Doch diese Unterschiede können durch andere Eigenschaften überdeckt werden, denn auch innerhalb jeder Rasse variiert der Energiebedarf einzelner Tiere. Daher hört man immer wieder die Frage, warum der eigene Hund bei relativ wenig Futter fett wird oder umgekehrt, warum er bei einem »Löwenhunger« nichts »auf die Rippen kriegt«.

Hier können – sofern keine Krankheiten vorliegen – Temperament, Alter, Haut und Haar, Umgebungstemperatur oder Haltungsbedingungen eine Erklärung liefern. So setzen z. B.

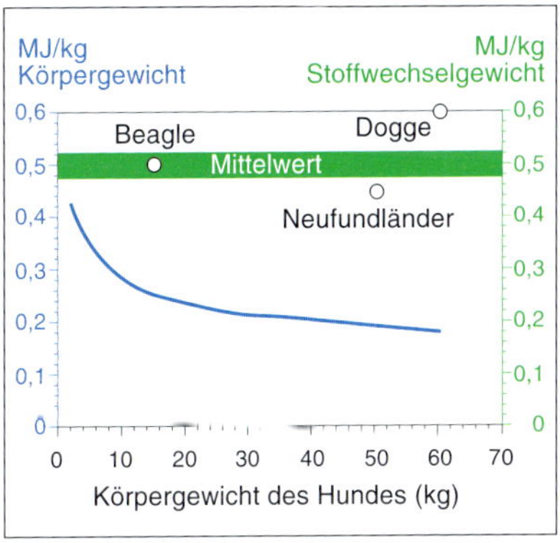

Der Energiebedarf des Hundes pro kg Körpergewicht (blau) geht mit zunehmen der Größe zurück, während der Bedarf pro kg Stoffwechselgewicht (grün) unabhängig von der Größe annähernd konstant ist.

temperamentvolle Hunde mit viel Bewegungsdrang mehr Energie um als träge, phlegmatische, wenig bewegungsfreudige Tiere. Aufgrund dieser Verhaltensunterschiede benötigen ältere Hunde weniger Energie als jüngere, schon ausgewachsene Tiere. Hunde mit dichtem Fell oder einer dikken Haut (viel Unterhautfett) sind gut isoliert und benötigen meistens weniger Futter.

Schließlich muß der Hundehalter beachten, daß Tiere, die ständig in einer warmen Wohnung leben, weniger Energie umsetzen als Tiere, die im Zwinger gehalten werden und Kälte oder sogar Feuchte ausgesetzt sind.

Die Intensität und Dauer der täglichen Spaziergänge mit dem Hund zehrt natürlich an dessen Energiehaushalt, doch man sollte sich nicht täuschen: Wenn der Hund 1 Stunde lang brav an der Leine im Schritt geht, ist der Energieumsatz höchstens um 10 % erhöht. Zieht der Hund dagegen bei langen Wanderungen ständig in schneller Gangart seine Kreise, so kann der Energieumsatz fast das Doppelte des Erhaltungsbedarfs ausmachen.

Die unten aufgeführten Zahlen zur Energieversorgung von Hunden, die im Erhaltungsstoffwechsel stehen, sind somit nur **Richtwerte** und müssen entsprechend Rasse, Umgebungstemperatur, Bewegungsaktivität, Hautisolation, Temperament und Alter modifiziert werden.

Als wichtigstes Kriterium für die richtige Energiezufuhr im Erhaltungsstoffwechsel ist stets das optimale Körpergewicht anzusehen (s. S. 58).

Neben der Energie benötigt der Hund – auch im Erhaltungsstoffwechsel – Eiweiß, weil im Körper ständig eiweißhaltige Gewebe auf- und abgebaut werden und in diesem Zusammenhang stickstoffhaltige Substanzen über Kot, Harn, aber auch über die Haut verlorengehen. Auch die Eiweißmenge im Organismus soll im Erhaltungsstoffwechsel konstant bleiben. Dazu werden etwa 5 g verdauliches Rohprotein pro kg Stoffwechselgewicht benötigt.

Bei einem Energiebedarf von 0,45–0,55 MJ verdaulicher Energie pro kg Stoffwechselgewicht errechnet sich als Faustzahl für den Eiweißgehalt im Futter:
10 g Rohprotein bzw. verdauliches Rohprotein auf 1 MJ Bruttoenergie bzw. verdauliche Energie.

Die oben genannten Werte können auch als Grundlage für die Beurteilung von Fertig- oder Einzelfuttermitteln gelten.

Alleinfuttermittel müssen natürlich auch alle anderen lebensnotwendigen Nährstoffe in ausgewogenen Mengen enthalten. Da dies bei Alleinfuttern in der Regel zutrifft, wird auf sie in die-

Täglicher Bedarf an verdaulicher Energie und verdaulichem Eiweiß bei Hunden mit verschiedenem Gewicht (Erhaltungsstoffwechsel)

Gewicht des Hundes (kg)	verdauliche Energie (MJ)		verdauliches Eiweiß (g)
	jüngere, temperamentvolle Hunde	ältere, trägere, langhaarige Hunde	
2	0,9	0,8	8
5	1,8	1,5	16
10	3,1	2,5	28
15	4,2	3,4	38
20	5,2	4,3	47
25	6.2	5,0	56
30	7,0	5,8	64
35	7,9	6,5	72
60	11,9	9,7	108
80	14,7	12,0	134

Trockenalleinfutter werden heute als Kroketten, z. T. auch als Biskuits und Plätzchen angeboten. Oben: Kroketten und Flocken; Mitte: Biskuits; Unten: Plätzchen.

sem Abschnitt nicht näher eingegangen. Entsprechende Angaben folgen auf Seite 59ff.

Auswahl der Alleinfutter

Die von der Industrie angebotenen Trockenalleinfutter, feuchten oder halbfeuchten Alleinfuttermittel haben Vor- und Nachteile, so daß sie zunächst näher charakterisiert werden sollen.

Trockenalleinfutter

Trockenalleinfutter finden heute immer mehr Interesse, insbesondere bei Haltern großer oder mittelgroßer Hunde. Sie sind leicht zu handhaben und zuzuteilen und erreichen meistens eine ähnliche Akzeptanz wie andere Produkte. Wegen der z. T. harten Partikel wird eine günstige Wirkung auf die Zahngesundheit vermutet. Dabei wirken größere Stücke günstiger als kleine.

Trockenalleinfutter werden in Form von Flockengemischen, als Kroketten, nur noch selten als Pellets (fest gepreßte Futterbrocken) angeboten. Als Grundlage enthalten sie Getreide, insbesondere Mais und Reis, aber auch Hafer und Weizen.

Die Getreidestärken werden durch trockene oder feuchte Wärme so verändert, daß sie gut verdaulich sind, insbesondere schon im Dünndarm. Ihr Aufschluß erfolgt z. T. erst nach Fertigstellung der gesamten Mischung. Durch die Behandlung mit feuchter Wärme unter Druck und anschließendem Entspannen können porös aussehende, bimssteinartige Futterbrocken entstehen.

Als Eiweißquellen dienen tierische Produkte (Fleisch, tierische Nebenprodukte, in geringen Mengen Molkereiprodukte, Hühnereier, Fischmehl) sowie pflanzliche Eiweißextrakte von Sojabohnen, eventuell auch von Leinsamen oder Sonnenblumen. Die Fut-

Zusammensetzung von Trockenalleinfutter pro 100 g Frischsubstanz

		Praxiswerte[1]		empfohlene Richtwerte
		Durchschnitt	Schwankungsbreite	
Energie, brutto	MJ	1,82		
Energie, verdaulich	MJ[2]	1,55		
Rohprotein	g	23,5	18–31	18(27)[3]
verdauliches Rohprotein	g[2]	20,0		
g verdauliches Rohprotein pro 1 MJ verdauliche Energie		13		10(15)
Rohfett	g	10	5,5–21	> 5
Rohasche	g	7	3–12	< 10
Kalzium	g	1,5	0,9–2,5	0,8(1,2)
Phosphor	g	1,0	0,8–1,9	0,6(0,9)
Magnesium	g	0,15	0,07–0,34	0,1(0,15)
Natrium	g	0,4	0,2–0,8	0,4(0,6)
Eisen	mg			12(24)
Kupfer	mg			0,8(1,6)
Zink	mg	15	3–29	7,5(15)
Jod	mg			0,12(0,25)
Selen	µg	27	10–45	20(40)
Vitamin A	IE	1230	600–1800	850(1700)
Vitamin D	IE	132	60–225	85(170)
Vitamin E	mg	8	1–15	8
Vitamin B_1	mg	5,9	0,2–1,8	0,2
Vitamin B_2	mg			0,4
Vitamin B_6				0,2
Panthothensäure	mg	2,4	0,9–5,3	1,7
Nikotinsäure	mg	4,3	2–9	1,7
Biotin	µg			17
Rohfaser	g	3,1	1,9–4,5	1,5

[1] Auswertung von 54 kommerziellen Trockenalleinfuttermitteln entsprechend den deklarierten Gehaltswerten
[2] 85 % Verdaulichkeit angenommen
[3] in Klammern: obere Werte, die bei angenommenem Energiegehalt möglichst nicht überschritten werden sollten

ter werden auch mit Fetten tierischer Herkunft oder Öl pflanzlicher Herkunft angereichert, eventuell durch Verwendung ganzer fetthaltiger Samen, z. B. Sojabohnen. Weitere Komponenten – in kleineren Mengen – sind Gemüse, Bierhefe, Rübenmark (= Grundgerüst der Zuckerrüben nach

Entfernung des Zuckers), Zucker sowie Mineralstoffe, Vitamine und Zusatzstoffe. Die einzelnen Futterstücke werden z. T. abschließend mit einem Fettfilm oder Eiweißlösungen übersprüht, um die Akzeptanz zu verbessern.

Die **Verdaulichkeit** erreicht bei den meisten Trockenalleinfuttern 85 bis 90 %. Werte von 80 % und tiefer deuten auf eine Zumischung ungeeigneter Komponenten oder falsche Zubereitung hin und führen mit Sicherheit zu höheren Kotmengen und eventuell auch zu Verdauungsstörungen.

Ein durchschnittliches Trockenalleinfutter enthält bei 5 bis 10 % Fett etwa 1,55 MJ verdauliche Energie (s. Tab. S. 44). Der jeweilige Fettgehalt bestimmt den **Energiegehalt** am stärksten. Allerdings kann ein hoher Rohasche- oder Rohfasergehalt diesen Wert wiederum negativ beeinflussen. Mit Zunahme der Fettgehalte um 5 % steigt der Gehalt an Bruttoenergie um rd. 0,1 MJ, der Gehalt an verdaulicher Energie um rd. 0,09 MJ pro 100 g Futter (s. S. 30). Der Energiegehalt des Futters bestimmt dann auch, welche Gehalte für die übrigen Nährstoffe als optimal angesehen werden können. Für Eiweiß ist in der Abbildung auf S. 30 ein »Korridor« gekennzeichnet mit Mindestgehalten, aber auch für obere Gehalte, die nicht überschritten werden sollten. Entsprechende Bereiche für die wichtigsten Mengen- und Spurenelemente sowie fettlöslichen Vitamine sind der Tabelle auf S. 44 zu entnehmen.

Durch hohe Eiweißgehalte wird oft versucht, die Akzeptanz des Futters zu steigern, doch viele Hersteller zeigen, daß auch bei einem im Normbereich liegenden Eiweißgehalt das Futter gern gefressen wird. Nur bei sehr hohen Fettgehalten sind Rohproteingehalte bis 30 % gerechtfertigt. Der Käufer sollte beachten, daß Mischungen mit den höchsten Gehalten nicht automatisch »besser«, d. h. gesünder für den Hund sind. Überhöhte Gehalte können auch nachteilig wirken.

Heute werden auch »5-Minuten-Terrinen« angeboten, d. h. Futtermittel in trockener Verpackung, die nach Zusatz von Wasser eine ähnliche Konsistenz wie Feuchtfutter haben (s. u.).

Halbfeuchte Alleinfutter

Diese Futtermischungen, die auch als halbtrocken bezeichnet werden, weisen einen etwas höheren Wassergehalt (17 bis 20 %) auf als Trockenalleinfutter, so daß zur sicheren Lage-

Beispiel für ein halbfeuchtes Alleinfutter; es werden unterschiedliche Formen angeboten.

rung Konservierungsstoffe benötigt werden. Üblich sind Zusätze wie Propylenglykol oder Zucker, d.h. wasserbindende Substanzen. Der Zuckergehalt (Glukosesirup) kann 5 bis 10 % erreichen. Diese Futter werden lose oder in Kunststoffolien verpackt angeboten.

Für halbfeuchte Futter stehen als Ausgangsmaterialien ähnliche Komponenten zur Verfügung wie für Trokkenfutter. Als Eiweißquelle wird wegen der günstigen Verarbeitungsmöglichkeiten in größerem Umfang Soja-Eiweiß eingesetzt. Nach entsprechender Vorzerkleinerung und Vermischung sowie wasserbindenen Zusätzen kann das Material plastisch geformt werden, so daß strangförmige Produkte, Ringe oder zähelastische, unterschiedlich gefärbte Würfel etc. entstehen.

Die **Gehalte an Energie** sowie an wichtigen Inhaltsstoffen liegen in der ursprünglichen Substanz um rund 10 % tiefer als in Trockenalleinfuttermitteln (s. Tab. S. 44). Werden die Anteile auf die Trockensubstanz bezogen, so sind die Unterschiede gering. Der Fettgehalt ist in der Regel etwas höher, der an Asche geringer als in Trockenalleinfuttern (bezogen auf die Trockensubstanz). Mineralstoff- und Vitamingehalte sind im allgemeinen den Bedürfnissen des Tieres angepaßt. Nur bei wenigen Produkten werden relativ hohe Kalzium-Gehalte beobachtet. Die in der Tabelle auf S. 44 aufgeführten Richtwerte für Trockenalleinfutter können – um 10 % reduziert – für diesen Futtertyp zugrunde gelegt werden.

Die **Verdaulichkeit** halbfeuchter Futter ist in der Regel etwas höher als die der Trockenalleinfutter, so daß – auch aufgrund des Fettanteiles – die Gehalte an verdaulicher Energie im Mittel etwa 5 % höher sind (bezogen auf die Trockensubstanz).

Die besonderen Vorteile der halbfeuchten Futter liegen in ihrer guten Akzeptanz (aufgrund des Wasser-, aber auch des Zucker- und Fettgehaltes) sowie in ihrer einfachen Handhabung bei der Zuteilung. Nachteile für die Zahngesundheit aufgrund der weichen Konsistenz und der zum Teil hohen Zuckergehalte sind nicht auszuschließen und können eventuell durch ein Beifutter (s. S. 86) abgeschwächt werden.

Feuchtalleinfutter

Feuchtalleinfutter, die früher auch als Dosenfutter bezeichnet wurden, haben ihren Platz in der Hundefütterung noch behauptet. Sie werden heute auch in festen Kunststoff- oder Aufreißschalen angeboten, die ihre Handhabung wesentlich erleichtern, seltener in Wurstform.

Der große Vorteil dieser Produkte liegt in ihrer **langen Haltbarkeitsdauer** und – aufgrund der Hitzebehandlung bei der Herstellung – stets **einwandfreien hygienischen Qualität**. Andererseits wird die Behandlung so eingestellt, daß ausreichende Vitaminmengen erhalten bleiben. Risiken bezüglich der Zahngesundheit sind ähnlich wie bei den halbfeuchten Futtern (s.o.) zu beurteilen.

Die Feuchtalleinfutter enthalten als wichtigste **Grundstoffe** Fleisch verschiedener Tierarten, vor allem aber tierische Nebenprodukte. Die Betonung einer bestimmten Fleischgeschmacksrichtung – Rind, Lamm, Pute etc. – bedeutet **nicht**, daß diese Fleischart einen dominierenden Men-

Feuchtfutter werden in Dosen oder Folienschalen angeboten.

genanteil (bezogen auf die Futtertrockensubstanz) ausmacht! Zusätze in Form von Molkereiprodukten, Trockenei oder Fischen sind meistens eher marginal. Zunehmend werden für diese Futter auch Eiweiße pflanzlicher Herkunft wie Sojaprodukte, Maiskleber etc. verwendet.

Zu eiweißhaltigen Futtermitteln kommen gut verdauliche, stärkereiche Produkte von Getreide aller Art hinzu, insbesondere Reis oder Mais, eventuell auch Zucker. Zusätze von Fetten oder Ölen, Bierhefe und faserhaltigen Substanzen (beispielsweise Rübenmark) runden diese Mischung ab.

Den meisten Feuchtfuttern werden **Dickungs- und Geliermittel** zugesetzt, um das freie Wasser zu binden. Die Ausgangsmaterialien werden (sofern notwendig) zunächst in Stücke geschnitten, gemischt und, um Form und Konsistenz zu erhalten, vielfach mit Polyphosphaten behandelt oder nach Zerkleinerung neu geformt.

Der Trockensubstanzgehalt in Feuchtalleinfuttern schwankt zwischen 19 und 27 %. Aufgrund des hohen und variablen Wassergehaltes sind die Inhaltsstoffe auf der Basis der Frischsubstanz nicht mit anderen Futtermitteln zu vergleichen. Bezogen auf die Trockenmasse liegen die Gehalte an Rohprotein, besonders aber auch an Rohfett deutlich höher, die an Rohfaser z. T. niedriger als in den übrigen Futtermitteln, während der Rohaschegehalt erheblich sein kann (durchschnittlich 10 % in der Trockensubstanz).

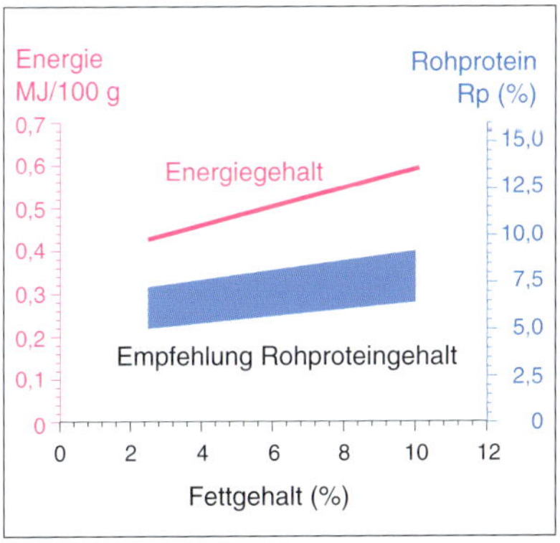

Der Energiegehalt (rot) nimmt auch in einem Feuchtalleinfutter mit steigendem Fettgehalt zu; entsprechend muß auch der Rohproteingehalt (blau) angehoben werden.

Zusammensetzung von Feuchtalleinfuttern pro 100 g Frischsubstanz

		Werte in kommerziellen Futtermitteln[1)] Durchschnitt	Schwankungsbreite	empfohlene Richtwerte* (bei 80 % Feuchte)
Feuchte (Rohwasser)	%	78,4	72,4–81,0	–
Energie, brutto	MJ	0,50		–
Energie, verdaulich	MJ	0,45[2)]		–
Rohprotein	g	8,6	6,5–14,2	5,5(8,3)[4)]
verdauliches Rohprotein	g	7,3[3)]		
g verdauliches Rohprotein pro 1 MJ verd. Energie		16		10(15)
Rohfett	g	4,8	2,8–7,0	> 1
Rohasche	g	2,1	1,2–3,0	< 2
Kalzium	g	0,28	0,2–0,5	0,23(0,35)
Phosphor	g	0,21	0,1–0,35	0,17(0,26)
Natrium	g	0,20	0,1–0,35	0,12(0,18)
Vitamin A	IE	325	180–620	250(500)
Vitamin D	IE	22	15–40	25(50)
Vitamin E	mg	3,4	0,7–9	2,5
Rohfaser	g	0,65	0,2–2,0	0,3(0,6)

*s. auch Tab. S. 44

1) Auswertung von 15 kommerziellen Produkten entsprechend den deklarierten Gehaltswerten

2) 90 % Verdaulichkeit angenommen 3) 85 % Verdaulichkeit angenommen

4) in Klammern obere Werte, die bei 0,45 MJ verdauliche Energie/100 g möglichst nicht überschritten werden sollten, im übrigen s. S. 44

In der Frischsubstanz sind im Mittel rd. 0,5 MJ Bruttoenergie und bei einer **Verdaulichkeit**, die vielfach 90 % erreicht, rd. 0,45 MJ verdauliche Energie pro 100 g zu erwarten. Ähnlich wie bei den Trockenalleinfuttern nimmt der Energiegehalt bei sonst gleichen Inhaltsstoffen mit dem Fettanteil nachhaltig zu (s. Abb. auf S. 47). Die Eiweißgehalte sind entsprechend dem Energiegehalt zu bewerten. Selbst bei sehr hohen Fettgehalten sind Eiweißgehalte von über 9 % für ein als Alleinfutter angebotenes Futter nicht gerechtfertigt. Eine Reihe dieser Feuchtfutter enthält noch immer erheblich mehr Eiweiß als notwendig, so daß die Relation g Eiweiß pro 1 MJ Energie bis auf 20 : 1 ansteigt. In Kombination mit bestimmten Zusätzen (Dickungsmitteln) und wenig Rohfaser führt dies bereits zu einer Bela-

Täglicher Trinkwasserbedarf des Hundes (ml pro kg Körpergewicht)

		Trockenfutter	Feuchtfutter
normale Umgebungstemperatur	< 20 °C	40–50	5–10
hohe Umgebungstemperatur	> 20 °C	50–100	20–50
erhöhte körperliche Aktivität[1)]	< 20 °C	bis 100	bis 50
	> 20 °C	bis 150	bis 100

[1)] bei mittlerer Laufgeschwindigkeit: rd. 10 ml pro Stunde und kg Körpergewicht

stung des Verdauungskanals, eventuell auch von Leber und Nieren. Insbesondere bei älter werdenden Hunden sollte auf Futtermittel mit sehr hohen Eiweißgehalten verzichtet werden. Grenzen solcher Mischungen zeigen sich auch gelegentlich bei Hunden großer, empfindlicher Rassen, die mit weichem Kot reagieren. In Kombination mit eiweißarmen Ergänzungen (z. B. Reis, Nudeln, Biskuits etc.) läßt sich diese Belastung reduzieren, doch das entspricht nicht dem Konzept der Alleinfütterung, die mit der Bezeichnung Vollnahrung festgelegt werden soll.

Der **Rohfasergehalt** sollte in den Feuchtalleinfuttern durchaus 0,4 % betragen; in manchen »Light«-Produkten werden sogar 2 % erreicht. Diese Mischungen sind für verfettete Hunde zweckmäßig (s. S. 114).

Die Gehaltsangaben für Kalzium und Phosphor sind – da sie in Prozent aufgeführt werden und gewöhnlich nur eine Stelle hinter dem Komma aufweisen – leider ziemlich ungenau. Die Mindest- und Höchstgehalte für diese Mineralien ebenso wie für die wichtigsten Vitamine sind der Tab. auf S. 48 zu entnehmen. Vitamin A wird in diesen Produkten teilweise nicht deklariert, da es wegen der hohen Gehalte in natürlichen Produkten – z. B. Leber – nicht zugesetzt werden muß. Die Mindestgehalte werden dann mit Sicherheit erreicht, teilweise auch deutlich überschritten.

Wasserbedarf

Neben Futter muß der Hund ständig frisches Wasser haben. Es ist ebenso wichtig wie das tägliche Futter, denn der Hund kann nur wenige Tage ohne Wasser überleben. Sein Trinkwasserbedarf richtet sich nach dem Wassergehalt im Futter, der aufgenommenen Futtermenge und -art sowie seiner Bewegungsaktivität und der Umgebungstemperatur. Richtwerte sind aus der obenstehenden Tabelle zu entnehmen.

Da Feuchtfutter bereits viel Wasser enthalten, ist der Wasserkonsum bei Einsatz dieser Futter niedriger als bei Trockenfuttern. Dennoch sollte man auch hier stets frisches Wasser zusätzlich anbieten. Bei Trockenfuttern ist die Wasseraufnahme nach der Fütterung am höchsten (s. Abb. S. 50).

Wenn der Hund bei wenig Bewegung und normalen Umgebungstemperaturen mehr trinkt, als es den Werten in obiger Tabelle entspricht, kann

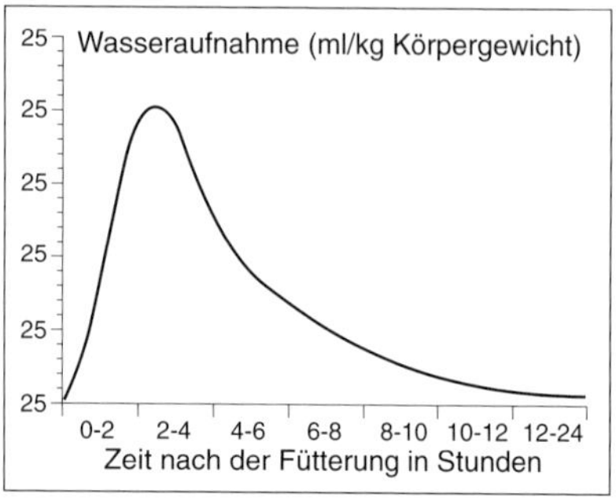

Einige Stunden nach Trockenfutteraufnahme ist die Wasseraufnahme am höchsten, doch auch noch nach 12 Stunden (während der Nacht) sucht der Hund die Wasserschüssel auf.

die Futterzusammensetzung falsch sein (z. B. erhöhter Salzgehalt). Meistens beruht dieses Verhalten jedoch auf sich langsam entwickelnden Krankheiten (s. S. 113).

Das Trinkwasser muß frei von Geschmacksveränderungen sein, die zu einer Minderaufnahme führen. Hunde trinken oft abgestandenes Wasser aus Regenpfützen und Gräben lieber als frisches Leitungswasser mit einem Nebengeschmack. Die Wassertemperatur sollte nicht unter 5 bis 10 °C liegen. Eiskaltes Wasser oder Schnee können Reizungen der Magenschleimhaut verursachen.

Fütterungs- und Tränktechnik

Freß- und Tränkgefäße

Welche Freß- und Tränkgefäße sind für den Hund geeignet? Die **Freßnäpfe** des Hundes sollten ausreichend groß und schwer sein. Sie müssen leicht zu reinigen und beißfest sein und dürfen nicht korrodieren. Für Feuchtfutter müssen sie aufgrund des größeren Futtervolumens etwa 5 mal so groß sein wie bei Trockenfuttern. Steinzeugschalen kommen solchen Idealgefäßen am nächsten. Näpfe aus V_2A-Stahl sind ebenfalls geeignet, allerdings nicht so schwer und deshalb vom Hund leichter zu bewegen. Kunststoffnäpfe lassen sich einfach handhaben, werden jedoch eventuell zerbissen. Runde Gefäße oder Näpfe mit abgerundeten Ecken sind eckigen vorzuziehen, da der Hund sie besser leeren kann und ihre Reinigung einfacher ist.

Der Freßnapf sollte einen festen Platz haben, so daß sich der Hund an den Ort der Futteraufnahme gewöhnt. Während des Fressens läßt man ihn am besten allein, damit keine Konkurrenzsituation entsteht, die zu hastiger Futteraufnahme verführen könnte. Werden mehrere Hunde gehalten, muß jedes Tier ein separates Freßgeschirr haben. Ob die Tiere gemeinsam gefüttert werden können, hängt von der Gewöhnung und Rangordnung ab. In der Regel ist es zweckmäßig, die Hunde getrennt zu füttern.

Bei Hunden, die ad libitum gefüttert werden können und den ganzen Tag über Futter im Napf haben, sollte dieser etwas verdeckt aufgestellt sein. Damit gewinnt der Hund das Gefühl, daß sein Futter nicht für Konkurrenten zugänglich ist. Gelegentlich wird beobachtet, daß Hunde ihren noch nicht geleerten Futternapf an einen verdeckten Ort schieben, z. B. unter Heizkörper oder Möbel.

An die Tränkgefäße sind ähnliche Anforderungen wie an die Futtergefäße zu stellen. Am besten bleiben sie getrennt von den Freßnäpfen, damit

Freßnäpfe für Hunde sind in großer Vielfalt auf dem Markt.

Verschiedene Tränkgefäße. Eine separate Wasserschüssel ist günstiger als ein Kombi-Trog, bei dem das Wasser leicht durch Futterreste verunreinigt wird.

der Hund nicht ständig zwischen Fressen und Trinken wechselt. Dadurch können besonders im Sommer Hygieneprobleme entstehen.

Trinkwasser muß immer zur Verfügung stehen, denn der Hund trinkt zwar unmittelbar nach dem Fressen bei Trockenfutter am meisten, doch auch später, selbst in der Nacht sucht er noch den Tränknapf auf (s. Abb. S. 50). Insbesondere bei hohen Umgebungstemperaturen, z. B. während sommerlicher Reisen, oder nach intensiver Bewegung ist die kontinuierliche Wasserversorgung unverzichtbar. Bei Autoreisen während der warmen Jahreszeit sollte der Hund alle 2 Stunden Gelegenheit zum Trinken haben.

Futtermenge
Die pro Tag benötigte Futtermenge ergibt sich aus dem Energiegehalt des Futters und dem jeweiligen Bedarf des Tieres. Enthält eine Ration in 100 g Frischsubstanz z. B. 1,5 MJ verdauliche Energie und beträgt der tägliche Energiebedarf eines 10 kg schweren Hundes rd. 3 MJ, so sind täglich

$\frac{3}{1,5} \times 100 = 200$ g Futter zuzuteilen.

Die folgende Tabelle zeigt die pro Tag benötigten Futtermengen für verschiedene Alleinfutter und Hunde mit unterschiedlichem Gewicht. Für die Futterdosierung muß stets der Energiegehalt in der Frischsubstanz der Futtermittel berücksichtigt werden. Bei Feuchtalleinfuttern ist – aufgrund des höheren Wasser- und niedrigen Energiegehaltes in der Frischsubstanz – die täglich notwendige Futtermenge höher als bei Trockenfuttern.

Die für verschiedene Gewichtsklassen empfohlenen Futtermengen stellen nur Richtwerte dar und müssen modifiziert werden – je nach Alter, Temperament und Bewegungsaktivität des Hundes sowie der Isolationswirkung des Fells (lang- oder kurzhaarig). Bei besonders lebhaften, in Gruppen gehaltenen Tieren ist unter Umständen die Futtermenge zu erhöhen, bei alten oder trägen Hunden jedoch um 10 bis 20 % zu drosseln. Auch Variationen in der Umgebungstemperatur – Winter, Sommer, Haltung in der Wohnung oder im Zwinger – sind bei der Futtermengenzuteilung zu berücksichtigen.

Wenn der Hund im Haushalt noch zusätzlich Futter in Form von Speiseresten aufnimmt, müssen die in der Tabelle angegebenen Werte entsprechend gedrosselt werden.

Das Futter täglich abzuwiegen, ist umständlich. Zur Erleichterung kann man nach Volumen dosieren, d. h. das Futter wird in einem Gefäß, dessen In-

Täglich benötigte Futtermengen (g)[1)]

Gewicht des Hundes kg	Energiegehalte in MJ pro 100 g, Feuchtfutter 0,45	halbfeuchte Futter 1,4	Trockenfutter 1,55
2,5	250	80	70
5	400	130	115
10	690	220	200
15	935	300	270
20	1160	370	335
25	1380	445	400
30	1555	500	450
40	1945	625	565
50	2300	740	665

1) Bedarf für jüngere, temperamentvolle Hunde angenommen, für ältere, trägere Tiere sind die Mengen um 10–15 % zu senken.

halt einmal gewogen wird, zugeteilt. Das Volumengewicht verschiedener Futterarten kann jedoch erheblich schwanken, so daß es für jedes neue Futtermittel überprüft werden muß. Bei Dosenfuttern, die im allgemeinen in kleinen Behältnissen abgepackt sind, ist eine exakte Dosierung einfacher.

> Die richtige Futtermengenzuteilung kann leicht aus der Körperkondition abgelesen werden.

Auf die Frage, ob Hunde beliebige Futtermengen angeboten werden können oder ob sie verhalten gefüttert werden müssen, ist eine generelle Antwort nicht möglich. Innerhalb jeder Rasse gibt es »Fresser«, die bei einem großzügigen Futterangebot weitaus mehr Energie aufnehmen als zuträglich. Daher ist nur bei Tieren, die ihr Gewicht bei freier Futterwahl konstant halten, ein Futterangebot zur freien Aufnahme (= ad-libitum-Fütterung) gerechtfertigt, sonst kommt es besonders bei älteren Tieren schnell zur Verfettung (s. S. 114).

Sofern der Hund bei restriktiver Fütterung seine Ration nicht spontan aufnimmt, ist das nicht gefressene Futter spätestens 1/2 Stunde später zu entfernen und nach einigen Stunden wieder anzubieten. Dadurch läßt sich der Hund zu einer zügigen Futteraufnahme erziehen. Feuchtfutter sollten an warmen Tagen nicht länger als 4 bis 6 Stunden im Napf bleiben, um Nachgärungen, die eventuell zu Unverträglichkeiten führen, zu vermeiden.

Wenn der Hund einmal seine Nahrung verweigert, muß er nicht gleich krank sein (s. S. 97). Hält die Inappetenz jedoch länger als 2 bis 3 Tage an, so ist ein Tierarzt zu konsultieren (s. S. 98).

Bei der Zuteilung soll das Futter temperiert sein, da die Schmackhaftigkeit in hohem Maße von der Temperatur beeinflußt wird. Auf keinen Fall darf dem Hund gefrorenes oder unmittelbar aus dem Kühlschrank entnommenes Futter zugeteilt werden, da damit nicht allein die Akzeptanz gesenkt, sondern auch bei Aufnahme größerer Mengen die Magenschleimhaut geschädigt werden kann. Bei Futterverweigerung oder schlechter Aufnahme ist das Futter auf Körpertemperatur anzuwärmen. Die Schmackhaftigkeit von Trockenfuttern läßt sich durch Anrühren (1 : 1) mit 40 °C warmem Wasser erhöhen. Auch Übergießen mit etwas Fett (z. B. Sojaöl) kann die Aufnahme verbessern. Falls Alleinfutter mehrere Tage lang schlecht gefressen wird, sollte man ein anderes Produkt anbieten. Die Frage, ob Trockenfutter feucht oder trocken verfüttert werden soll, ergibt sich z. T. aus den obigen Anmerkungen. Trockene, harte Produkte sind evtl. für die Zähne günstiger.

Häufigkeit und Zeitpunkt der Fütterung

Die Futteraufnahmekapazität des Hundes ist so hoch, daß für Tiere, die im Erhaltungsstoffwechsel stehen, eine einmalige tägliche Futterzuteilung genügen würde. Bei fettreichen Rationen besteht bei dieser Fütterungstechnik auch kein Risiko. Bei kohlenhydratreichen Futtern (Trockenfutter, Flocken) ist es jedoch zur Vermeidung von Fehlgärungen im Magen vor allem bei größeren Hunden zweckmäßig, mehrmals pro Tag zu füttern (s. S. 102). Bei schlechten Fressern, älteren Hunden, Tieren mit empfindlichem Magen und Darm und bei Riesenrassen ist daher eine 2- bis 3malige Fütterung sinnvoll. Dabei darf jedoch die für das Tier pro Tag insgesamt notwendige Futter- und Energiemenge nicht überschritten werden.

Der **Termin** für die tägliche Fütterung kann variabel festgelegt werden. Ist dieser Zeitpunkt unter Berücksichtigung der unten aufgeführten Gesichtspunkte einmal bestimmt, sollte er eingehalten und nicht ständig variiert werden.

Nach der Futteraufnahme benötigt der Hund zur optimalen Verdauung eine Ruhepause von bis zu 3 Stunden. Der Fütterungszeitpunkt muß sich an dieser Forderung orientieren. Berufstätige Hundebesitzer können durchaus am Morgen füttern. Anschließend kann der Hund ruhen. Nachmittags muß die Möglichkeit zu Bewegung und Kotabsetzen gegeben sein. Andererseits ist auch die Fütterung am späten Abend möglich, so daß der Hund während der Nacht verdauen kann und am kommenden Morgen Gelegenheit zum Kotabsatz hat.

Von planlosen, unregelmäßigen Fütterungsterminen ist in jedem Fall abzuraten. Das Verdauungssystem des Hundes muß sich auf die Futteraufnahme vorbereiten können. Durch äußere Reize wird die erste Phase der Verdauung (Speichelbildung) eingeleitet – beim beutesuchenden Fleischfresser geschieht dies durch Sehen, Verfolgen und Schlagen der Beute. Beim Haushund kann diese Eingangsphase der Verdauung nur durch regelmäßige Fütterung zum gleichen Zeitpunkt ausgelöst werden, bei welcher der Hund aus Gewöhnung und vorbereitenden Handlungen des Menschen die folgende Fütterung erkennt.

Soll der Hund 1 mal pro Woche hungern? Man erwartet dadurch einen »Reinigungseffekt« im Darm. Eine solche Maßnahme ist generell nicht notwendig, wenn täglich diszipliniert gefüttert wird. Eine eintägige Nahrungskarenz ist jedoch zu empfehlen, wenn sich der Hund überfressen hat oder wenn Anzeichen für Verdauungsstörungen (Erbrechen, Durchfall) bestehen.

Unvernünftig und ein schwer korrigierbarer Fehler ist es, den Hund außerhalb seiner gewohnten Freßzeiten zu füttern – z. B. während der eigenen Mahlzeiten oder wenn er zufällig in der Küche erscheint. Dies führt zum Betteln in seinen vielen Varianten bis hin zum Anspringen oder schließlich zur Selbstbedienung am Tisch oder in der Küche! Eine kontrollierte Energiezufuhr ist dann nicht mehr möglich.

Futterwechsel

Die landläufige Meinung, der Hund benötige Abwechslung in seinem »Speiseplan«, ist nicht richtig. Viele Hunde gewöhnen sich sehr gut an einen bestimmten Rationstyp von gleicher Zusammensetzung und gleichbleibender Qualität und werden dessen nicht überdrüssig. Neues Futter wird gelegentlich vorgezogen (selbst wenn es von geringerer Qualität ist), doch dieses Verhalten scheint mehr durch den Reiz des Neuen geprägt als ein Hinweis auf einen notwendigen Futterwechsel zu sein. Bei gleichzeitiger Bereitstellung von altem und neuem Futter ist oft zu beobachten, daß das neue Futter nur wenige Tage lang bevorzugt wird.

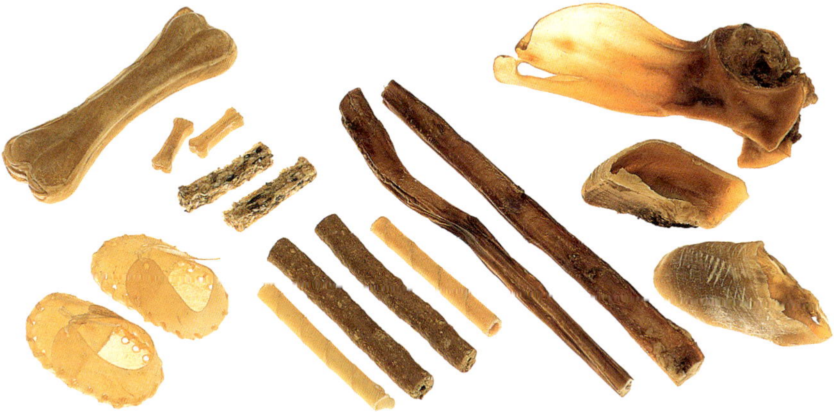

Zur Anregung der Kautätigkeit werden zahlreiche Knochensubstitute angeboten, z. B. aus Büffelhaut oder Klauenhorn.

Bei einem notwendigen Futterwechsel ist für empfindliche Hunde das alte mit dem neuen Futter für 1 bis 2 Tage zu mischen, so daß der Wechsel nicht abrupt, sondern langsam abläuft. Ein plötzlicher Wechsel von einer Futterart auf die andere kann zu Fehlgärungen im Darm und zu Durchfällen führen.

Zusätzliche Futtermittel

Wenn der Hund ein ausgewogenes, gut akzeptables Alleinfutter und stets frisches Trinkwasser erhält, benötigt er keine zusätzlichen Nährstoffe mehr, um gesund zu bleiben. Deshalb sind zu solchen Futtern keine Mineralstoff-, Spurenelement- oder Vitaminpräparate notwendig, ja, sie sind oft sogar wegen der dann resultierenden Überdosierung schädlich.

Sinnvoll erscheint – besonders bei Feuchtfuttern – jedoch die Zugabe von Produkten, die eventuell der Zahngesundheit dienen. Zum Training des Gebisses bieten sich **Knochen** (s. S. 75) sowie Knochensubstitute aus unverdaulichen tierischen Nebenprodukten an. Kauartikel aus Kunststoff sind abzulehnen, da sie insgesamt oder in Teilen abgeschluckt werden können, was entsprechende Risiken birgt. Keine Probleme verursachen sogenannte Kauknochen aus Leder (Büffelhaut), da sie im allgemeinen so weit zerbissen werden, daß Teilstücke aufgrund ihrer Elastizität den Verdauungskanal ohne Schwierigkeiten passieren.

Eine Alternative zu diesen Knochen bieten die jüngst in den Handel gebrachten, hart gebackenen Trockenprodukte, die speziell zur Reinigung der Zähne dienen sollen. Ein bis zwei Stück am Abend gegeben sollen dies Ziel erreichen helfen, allerdings steht eine wissenschaftliche Überprüfung noch aus. Ähnliche Wirkungen sollen von faserreichen Spezialdiäten ausgehen, in denen pflanzliche Faserstoffe »bürstenartig« angeordnet sind.

Mit Kauknochen kann sich der Hund

mehr oder weniger lange beschäftigen, doch dies ist kein Ersatz für den täglichen Auslauf oder die direkte Beschäftigung mit ihm!

Zusätzlich möchte mancher Hundebesitzer seinem Hund jedoch auch etwas zur Abwechslung oder zur Belohnung anbieten. Kann man dem Hund, der auf Alleinfutter eingestellt ist, z. B. auch Essensreste anbieten? Wenn diese unverdorben sind, ist das durchaus möglich, allerdings sollte der Hund diese Reste nur zur gewohnten Fütterungszeit erhalten, und ihr Anteil an der Tagesration sollte nicht mehr als 5 bis 15 % ausmachen. Besonders wichtig ist es dann aber, die übliche Futtermenge um diesen Betrag zu kürzen.

Über weitere von der Industrie angebotenen Beifutter siehe S. 86. Falls sie in geringen Mengen verfüttert werden, gilt wiederum, die Gesamtration entsprechend der beigefütterten Menge, die 10 % der Tagesration nicht übersteigen soll, zu reduzieren.

Beurteilung der Fütterung

Die Zweckmäßigkeit der Ernährung kann der Hundebesitzer selbst kontrollieren, indem er folgende Kriterien beachtet:
Akzeptanz des Futters,
Gewicht bzw. Kondition des Hundes,
Kotmenge und -konsistenz,
Haut und Haar,
Verhalten.

Geruchskomponenten des Futters bewirken, daß der Hund bereits bei Vorbereitung der Fütterung (Öffnung der Behälter, Einfüllen in den Futternapf) lebhaftes Interesse und Unruhe zeigt. Falls das Tier nicht so reagiert, muß das allerdings nicht das Gegenteil bedeuten, sondern kann auf seiner Eigenart beruhen. Nach der Zuteilung werden die meisten Hunde zügig fressen. Sofern sie jedoch von Jugend an großzügig Futter zur freien Aufnahme erhielten und es über den Tag verteilt aufgenommen haben, werden sie dieses Freßverhalten beibehalten.

Hartgebackene Biskuits stärken das Gebiß des Hundes und sorgen zugleich für eine Reinigung der Zähne.

Falls der Hund bei der ersten Mahlzeit eines neuen Futters nicht sofort frißt, sollte man es nicht gleich absetzen, sondern abwarten, ob eine Gewöhnung erfolgt. Häufig ist jedoch das erste Verhalten des Hundes gegenüber einem Futter entscheidend.

Die **Verdaulichkeit** des Futters kann unter praktischen Verhältnissen vom Tierbesitzer nicht erfaßt werden. Die Kotmenge gibt jedoch Hinweise. Allerdings muß berücksichtigt werden, daß der Kot beim Hund zu etwa 55 bis 75 % aus Wasser besteht und somit nicht allein die absolute Menge, sondern gleichzeitig auch die Feuchtigkeit mit beurteilt werden muß.

Hunde, die im Erhaltungsstoffwechsel stehen, sollten ihr **Normalgewicht** konstant halten. Jede Abweichung vom Normwert nach oben oder unten ist zu vermeiden. Gewichtsabnahmen könnten durch eine ungenügende Futtermenge bzw. Futterverdaulichkeit, andererseits aber auch durch Krankheiten, Parasitenbefall etc. bedingt sein, während ein Übergewicht fast immer auf eine überhöhte Futterzuteilung hinweist. Erfahrene Hundehalter werden bereits geringe Gewichtsveränderungen registrieren. Diese Beobachtungen können jedoch die in der Tabelle auf S. 58 angegebenen Kriterien etwas systematisieren. Das ist besonders bei langhaarigen Hunden wichtig, deren Futterzustand nicht augenfällig ist.

Wenn der Hund nicht zu schwer ist, läßt sich das Gewicht leicht feststellen. man nimmt ihn auf die Arme und stellt sich auf eine Personenwaage. Anschließend zieht man das eigene Körpergewicht vom angezeigten Gewicht ab.

Beurteilung des Futterzustandes bei Hunden

mager[a)]	Rippenbogen stark hervortretend[1)] [a)] bzw. bei der Palpation unmittelbar unter der Haut liegend
normal	Rippenbogen noch schwach in den Konturen sichtbar[1)] und gut fühlbar
korpulent[b)]	Rippenbogen nicht mehr sichtbar[1)] [b)] und nur noch bei starkem Druck tastbar
verfettet	Rippenbogen, Hüfthöcker, Schwanzwinkel (am Schwanzansatz) nicht mehr tastbar, Bauchdecken stramm, nicht eindrückbar

[1)] bei kurzhaarigen Hunden, [a)] z.T. Rassemerkmal, z.B. Windhunde, [b)] z.T. Rassemerkmal, z.B. Mops

Für Unerfahrene empfiehlt es sich, den Hund regelmäßig 1mal pro Monat zu wiegen. Kleine und mittlere Hunde können auf einer Personenwaage gewogen werden: vom Gesamtgewicht wird das Eigengewicht des Hundehalters abgezogen. Für größere Hunde sind spezielle Waagen notwendig, die oft in tierärztlichen Praxen zur Verfügung stehen.

Ein wichtiger Indikator für das Wohlbefinden ist der tägliche **Kotabsatz**. Der Kot sollte nicht zu hart sein, damit bei der Defäkation keine Schwierigkeiten auftreten. Zu fester Kot kann auf einen zu hohen Asche- (Knochen-) oder Rohfasergehalt in der Ration, aber auch auf Passagestörungen durch Beckenknochenveränderungen oder Prostatavergrößerung hinweisen. Weicher bis flüssiger Kot beruht meist auf einer ungenügenden Zusammensetzung des Futters. Oft ist der Kot aber nur 5 bis 8 Stunden nach der Fütterung weich, später wieder fest. Bei chronisch weichem Kot sind andere Ursachen zu prüfen (s. S. 105). Die feste Konsistenz des Kotes ist auch eine wesentliche Voraussetzung für dessen einfache Beseitigung in Siedlungsgebieten. Wenn ein Hund auf öffentlichen Plätzen Kot absetzt, sollte der Hundebesitzer diesen sofort aufsammeln. So kann er nachhaltig dazu beitragen, Aversionen gegenüber der Hundehaltung abzubauen oder gar nicht aufkommen zu lassen.

Der Laie kann eventuell auch am **Haut- und Haarkleid** die Verträglichkeit eines Futtermittels ablesen. Eine trockene, spröde Haut und ein rauhes, glanzloses Fell sprechen, sofern keine Gesundheitsstörungen vorliegen, für eine ungeeignete Zusammensetzung des verwendeten Futtermittels (s. S. 112).

Schließlich gibt auch das **Verhalten** des Hundes wichtige Hinweise auf die Futterqualität. Von einem richtig ernährten Hund wird man – in Abhängigkeit von den rassebedingten Variationen – allgemein Aufmerksamkeit, Teilnahme, Bewegungslust sowie typische emotionale Reaktionen erwarten. Abweichungen können unter anderem auch mit der Fütterung im Zusammenhang stehen (s. S. 100).

Herstellung eigener Futterrationen

Ähnlich wie bei der eigenen Nahrung wird mancher Hundebesitzer für sein Tier das Futter gern selbst zusammenstellen und zubereiten. Dies ist keineswegs antiquiert oder nicht sachgerecht. Allerdings erfordert die richtige Rationsgestaltung Kenntnisse sowohl über den Bedarf des Hundes an Energie und Nährstoffen als auch über die Futtermittel, ihre Zusammensetzung, ihre Zubereitung sowie spezielle Eigenschaften, kurz: ihre Vor- und Nachteile. Im folgenden Abschnitt werden diese Punkte zunächst erläutert und dann Hilfen für die Rationsberechnung gegeben.

Nährstoffbedarf

Neben Energie und Eiweiß, deren Bedarf bereits im vorigen Kapitel besprochen wurde, ist der Hund auf die kontinuierliche tägliche Zufuhr von weiteren 25 Nährstoffen angewiesen. Die notwendigen Mengen pro Tag und kg Körpergewicht können aus der folgenden Tabelle entnommen werden. Zum Verständnis der Funktion dieser Stoffe und der Bedarfszahlen folgen einige Erläuterungen.

Empfehlungen für die Mineralstoff-, Spurenelement-, Vitamin- und Linolsäureversorgung im Erhaltungsstoffwechsel (pro Tag)

	pro kg Körpergewicht			pro kg Körpergewicht	
Mineralstoffe			**Vitamine**		
Kalzium	mg	100	Vitamin A	IE	75–100
Phosphor	mg	75	Vitamin D	IE	10
Magnesium	mg	12	Vitamin E	mg	1
Natrium	mg	50	Vitamin B_1	mg	0,02
Kalium	mg	55	Vitamin B_2	mg	0,05
Chlor	mg	75	Vitamin B_6	mg	0,02
			Vitamin B_{12}	µg	0,5
Spurenelemente			Pantothensäure	mg	0,2
Eisen	mg	1,4	Nikotinsäure	mg	0,2
Kupfer	mg	0,1	Biotin	µg	2
Zink	mg	0,9	Folsäure	µg	4
Mangan	mg	0,07			
Jod	µg	15	**Linolsäure**	mg	150–200
Selen	µg	2,5	Cholin	mg	25

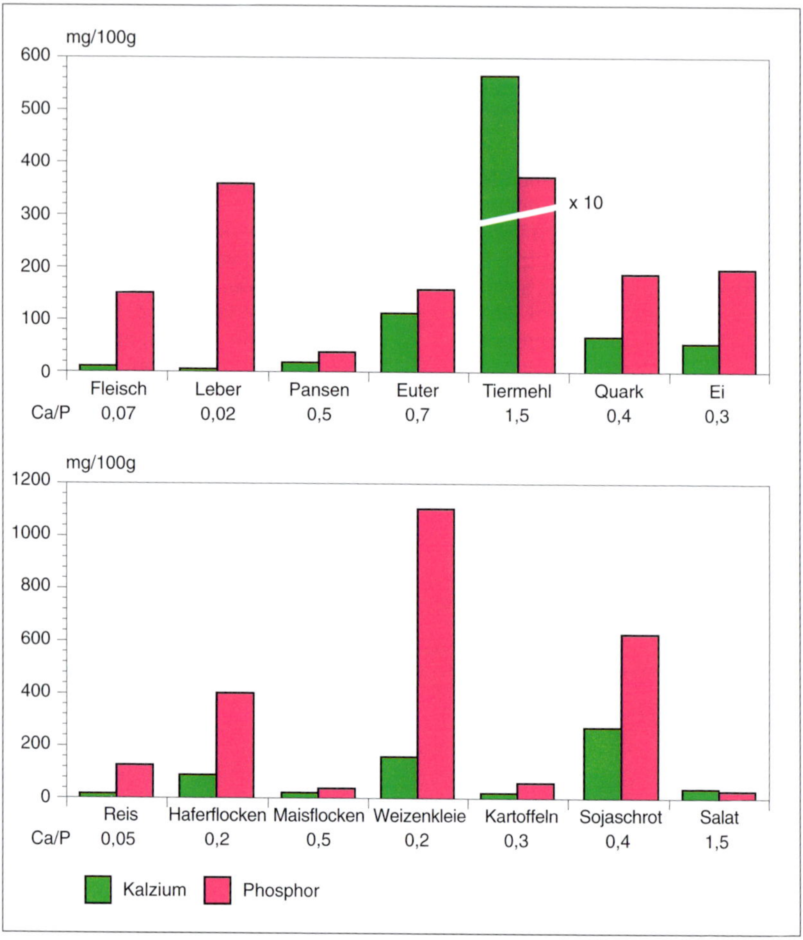

Kalzium- und Phosphorgehalte in verschiedenen Futtermitteln.

Mengenelemente

Kalzium und **Phosphor** sind vorrangig für die Stabilität des Skeletts verantwortlich. In sehr geringen Mengen ist Kalzium auch für die Blutgerinnung, die Reizleitung im Nervensystem sowie die Muskelkontraktion unentbehrlich. Phosphor, der in größeren Mengen (zu etwa 20 %) in den Weichgeweben vorkommt, beteiligt sich an zahlreichen Vorgängen im intermediären Stoffwechsel, u. a. an der Bildung von energiereichen Phosphaten, dem Transport der Fette in Form von Phospholipiden und als Bestandteil der Zellkerneiweiße, insbesondere bei der Zellvermehrung.

Bei ausgewachsenen Hunden bietet die tägliche Zufuhr von etwa 100 mg Kalzium und 75 mg Phosphor pro kg Körpergewicht eine ausreichende Sicherheit für die Erhaltung des Kalzium- und Phosphorbestandes im Organismus; dies gilt auch für ältere Tiere oder unter besonders belastenden Bedingungen (erhöhte Ausscheidung, geringe Absorption).

Eine ungenügende Versorgung des Organismus mit Kalzium oder Phosphor kann vorübergehend durch Freisetzung von Kalzium und Phosphor aus den Knochen ausgeglichen werden. Nach Erschöpfung dieser Kompensationsmöglichkeiten sind bei einer längerdauernden erheblichen Unterversorgung jedoch schwere Ausfallerscheinungen möglich, insbesondere am Skelett. Dann sind Lahmheiten, Lockerung der Zähne und Zahnausfall (Gummikiefer), Verbiegungen des Skeletts und Knochenbrüche zu erwarten. Diese Symptome werden allerdings nur noch selten beobachtet. Viele Einzelfuttermittel für Hunde enthalten genügend Phosphor, aber zuwenig Kalzium (s. Abb. auf S. 60).

Ein Überschuß an Kalzium und Phosphor im Futter kann sich ebenfalls ungünstig auf Skelettentwicklung und Gesundheit auswirken. Überhöhte Mengen eines Elementes sind dann besonders nachteilig, wenn das andere Element die absoluten Bedarfswerte unterschreitet und so krasse Abweichungen vom erwünschten Kalzium/Phosphor-Verhältnis in der Gesamtration von 1,3 : 1 bestehen. Bei Berechnung des Kalzium- zu Phosphor-Verhältnisses im Futter wird der Gehalt an Phosphor = 1 gesetzt: Ein Futter mit 10 g Kalzium und 5 g Phosphor hat ein Kalzium zu Phosphor-Verhältnis von 10 : 5 oder 2 : 1. Ein Kalziumüberschuß vermindert nicht nur die Verwertung von Phosphor, sondern auch die von Magnesium und Zink und vermutlich auch von Kupfer, so daß sich sekundäre Mangelerkrankungen einstellen können.

Ein Überschuß an Phosphor (Kalzium/Phosphor-Verhältnis < 1), insbesondere in Verbindung mit einer Phosphorverbindung aus Getreide (Phytin), beeinträchtigt die Absorption von Kalzium, eventuell auch die von Magnesium oder Eisen. Da die Absorption von Phosphor nicht dem Bedarf entsprechend reguliert wird, gelangt bei überhöhten Phosphormengen in der Nahrung Phosphor vermehrt in den Organismus und muß über die Niere wieder ausgeschieden werden; das erhöht das Risiko der Harnsteinbildung. Nach vorliegenden Beobachtungen sollten deshalb die in der Tabelle auf S. 59 aufgeführten Bedarfswerte nicht um mehr als das 2fache überschritten werden.

Magnesium verteilt sich im Körper zu etwa gleichen Teilen auf Weichgewebe und Skelett. Es ist für die Funktion zahlreicher Enzymsysteme im Kohlenhydrat-, Fett- und Eiweißstoffwechsel unentbehrlich. Eine akute Unterversorgung, die in der Praxis selten vorkommt, kann zu Krämpfen, in chronischen Fällen zur Verkalkung von Herzklappen und größeren Gefäßen führen.

Eine Überversorgung mit Magnesium verursacht – bei schwerlöslichen Magnesiumverbindungen – Durchfall sowie eine Beeinträchtigung der Kalzium- und Phosphorverwertung. Infolge einer Zunahme der Magnesiumkonzentration im Harn wird bei gleichzeitig überhöhtem Protein- und Phosphorangebot die Bildung von Harnsteinen (Magnesium-Ammonium-Phosphatkomplexe) begünstigt.

Natrium und **Chlorid** liegen vorwiegend im Blut und im Flüssigkeitsraum außerhalb der Zellen vor und sind dort u. a. für die Regulation des Wasserbestandes unentbehrlich.

Bei Durchfällen (besonders blutigen) und chronischem Erbrechen entstehen erhebliche Verluste, da der Natrium- bzw. Chloridgehalt im Magensaft rd. 1,5 bzw. 5 g/l beträgt. Erhöhte Abgaben über die Haut sind bei häufigem Baden (Wasserjagd oder Waschen) zu erwarten. Weiterhin können Nierenerkrankungen zu einer Bedarfserhöhung führen.

Eine längerdauernde extreme Unterversorgung mit Natrium führt zur Abnahme des Wasserbestandes im Körper, verbunden mit trockener Haut, verringertem Blutvolumen, verstärkter Unruhe und Lecksucht sowie Schwierigkeiten beim Abschlucken der Nahrung. Die Tiere verlieren Gewicht, Herz- und Atemfrequenz steigen an. Darüber hinaus nimmt die Leistungsfähigkeit (schnelle Ermüdung infolge Kreislaufstörungen) und vermutlich auch (nach Erfahrungen beim Menschen) die Empfindlichkeit der Geruchsorgane ab.

Der gesunde Hund ist gegenüber hohen Natriumgaben im allgemeinen tolerant. Tägliche Mengen bis zu 1,5 g/kg Körpergewicht werden reaktionslos vertragen, sofern ausreichend Wasser angeboten wird. Unter praktischen Verhältnissen sind nur vereinzelt spontane, akute Salzvergiftungen beschrieben worden, z. B. nach Aufnahme von Pökellake, Meerwasser sowie gesalzenem Fleisch und Fisch. Sie sind nur dann zu erwarten, wenn zusätzlich kein salzfreies Wasser zur Verfügung steht.

Der größte Teil des **Kaliums** (etwa 90 %) liegt in den Zellen vor. Es ist für die Regulierung des osmotischen Drucks in den Zellen, aber auch für die Aktivität zahlreicher Enzyme unentbehrlich. Der Organismus kann nur begrenzte Mengen Kalium vorwiegend in Leber und Muskulatur speichern. Überschüsse werden weitgehend über die Nieren eliminiert.

Eine Unterversorgung, die zu allgemeiner Schwäche, Durchblutungsstörungen und Blutdruckabfall führen kann, ist äußerst selten, jedoch bei längerdauernder Anwendung von Medikamenten zur Entwässerung des Körpers ebenso wie bei einseitiger Fütterung von Weißmehl, Fett, Zucker oder starkem Wässern der Futtermittel möglich.

Spurenelemente

Vom **Gesamteisen** im Körper liegen fast 2/3 im roten Blutfarbstoff und etwa 1/10 im roten Muskelfarbstoff vor. Eisen ist für die Bildung von roten Blutkörperchen unentbehrlich, daneben aber auch für zahlreiche Enzyme, die den Sauerstofftransport regulieren.

Der tägliche Eisenbedarf ausgewachsener Hunde (s. Tab. S. 59) nimmt aufgrund der hohen Eisengehalte im Blut nach größeren Blutverlusten zu, bei langhaarigen Hunden auch während des Haarwechsels, da pigmentierte Haare viel Eisen enthalten.

Eisenmangelzustände sind beim ausgewachsenen Hund unter praktischen Bedingungen selten. Nach einseitiger Verwendung fett- bzw. zuckerreicher Futtermittel sowie von Milch und Milchprodukten in Kombination mit poliertem Reis ist die Aufnahme an Eisen jedoch gering. Auch bei hohen Blutverlusten, (Ekto- und Endoparasitenbefall, Verletzungen, blutige Durchfälle), können Eisenmangelzustände auftreten.

Kupfer hat wichtige Funktionen im Rahmen der Blut- und Pigmentbildung sowie der Ausbildung des Grundgerüstes der Knochen. Bedarfserhöhungen sind bei langhaarigen Hunden während des Haarwechsels zu erwarten sowie bei Störungen der Absorption, verursacht durch überhöhte Gehalte an Eisen, Kalzium oder Zink im Futter oder durch allgemeine Verdauungsstörungen.

Eine Kupferunterversorgung, die allerdings selten ist, führt zu Veränderungen an Skelett, Haut, Haaren, Blutarmut und Störungen der Knochenentwicklung: Die dunkel pigmentierten Haare um Nase und Augen werden grau, es kommt zu O- und X-Beinigkeit sowie Durchtrittigkeit.

Liegt ein Kupferüberschuß in der Nahrung vor, wird Kupfer vermehrt in der Leber gespeichert. Bei gesunden Hunden ist jedoch kaum mit einer so starken Kupferretention zu rechnen, daß Leberschädigungen entstehen. Eine solche Gefahr besteht jedoch bei der selten vorkommenden, genetisch bedingten Kupferspeicherkrankheit.

Zink ist Bestandteil zahlreicher Enzyme und daher für den Ablauf verschiedener Umsetzungen im Kohlenhydrat- und Eiweißstoffwechsel unentbehrlich, insbesondere aber für die normale Entwicklung der Hautzellen.

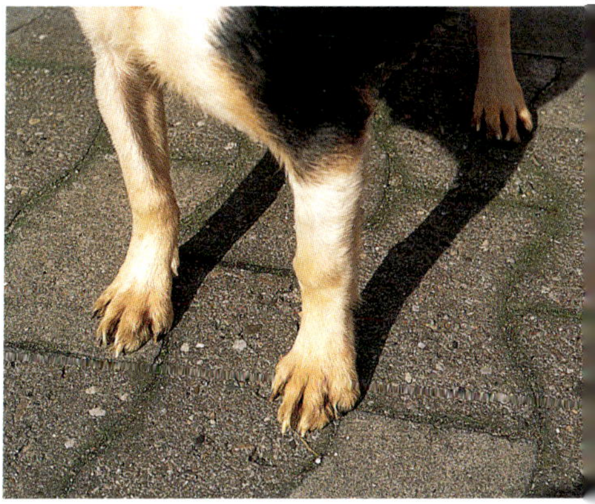

Ein Kupfermangel führt zu einer Spreizung der Zehen sowie zu Pigment- und Haarverlust.

Der Zinkbedarf ausgewachsener Hunde kann sich bei langhaarigen Hunden während des Haarwechsels infolge verstärkter Zinkretention erhöhen ebenso wie durch Beeinträchtigung der Zinkabsorption in Gegenwart hoher Mengen an Kalzium, Kupfer, Weizenkleie oder Sojaschrot. Eine Unterversorgung, die beim ausgewachsenen Hund aufgrund der im allgemeinen ausreichenden Gehalte im Futter selten beobachtet wird, ist gekennzeichnet durch Pigmentaufhellung, Haarverlust sowie borkige Auflagerungen um die Augen, an der Maulspalte und an den Gelenken.

Genetisch bedingte Störungen des Zinkstoffwechsels, die durch Zinkfütterung nicht oder nur bedingt zu beeinflussen sind, kommen bei Bull-Terriern und Huskies vor.

Der Bedarf des Hundes an **Mangan** und **Kobalt** liegt relativ niedrig (s. S. 59). Mangelerkrankungen sind unter praktischen Bedingungen nicht bekannt und auch nicht zu erwarten.

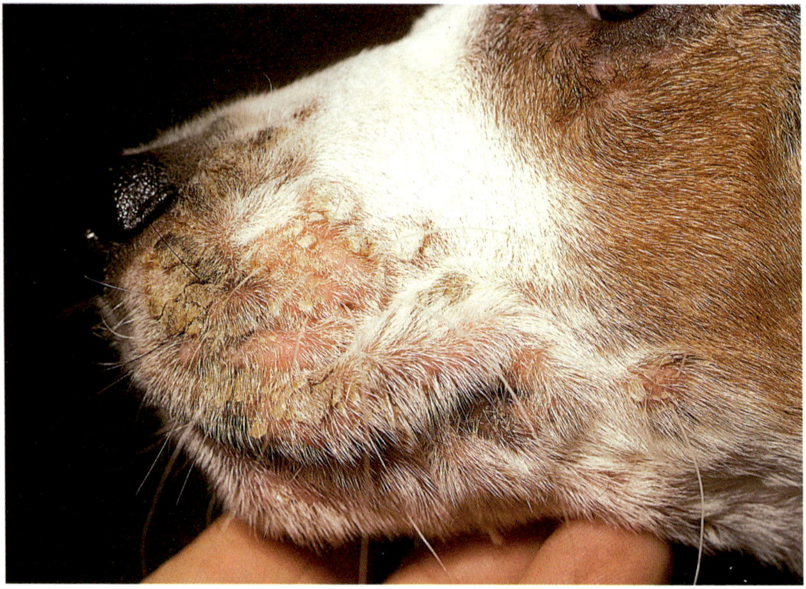

Bei unzureichender Zinkversorgung kommt es zu starken Hautveränderungen.

Die lebensnotwendige Funktion von **Jod** im tierischen Organismus wurde schon sehr früh im Zusammenhang mit der Kropfbildung erkannt. Jod ist Bestandteil der Schilddrüsenhormone. Der Jodbedarf ausgewachsener Hunde steht mit Energieumsatz in unmittelbarer Beziehung. Bei Hunden mit verstärkter Muskeltätigkeit ist daher mit einem höheren Bedarf (bis 25 µg/kg Körpergewicht) zu rechnen. Der erwünschte Jodgehalt wird in vielen Futtermitteln nicht erreicht. Insbesondere bei einseitiger Verwendung von Fleisch und Schlachtabfällen in Kombination mit hochgereinigten Getreideprodukten ist die Versorgung unzureichend. Durch längeres Kochen der Futtermittel können zusätzlich Jodverluste entstehen. Aufgrund dieser Bedingungen ist es nicht überraschend, daß in der Praxis gelegentlich spontane Jodmangelfälle auftreten. Zur Sicherung der Jodversorgung sind jodarme Futtermittel mit jodiertem Salz (1 g jodiertes Salz enthält im Mittel etwa 70 µg Jod) oder jodhaltigen Mineralfuttern zu ergänzen. Jodunterversorgung führt zu einer Vergrößerung der Schilddrüse, im weiteren Verlauf zu ungenügender Hormonbildung, allgemeinem Leistungsabfall, Teilnahmslosigkeit, Haarverlust, verbunden mit Fruchtbarkeits- und Wachstumsstörungen, Gewichtsabnahmen und Wassersucht.

Die Lebensnotwendigkeit von **Selen** für den Hund wurde erst in den letzten Jahren nachgewiesen. Dieses Element ist im Zellstoffwechsel im Zu-

Gehalte an Spurenelementen in verschiedenen Futtermitteln (pro 100 g)

Futtermittel	Eisen (mg)	Kupfer (mg)	Zink (mg)	Jod (µg)
Fleisch, Rind	3,5	0,2	3,0	3
Leber	22,0	3,0	6,0	1,5–6
Pansen, geputzt	1,8	0,6	1,4	
Magen, Schwein	2,8	0,1	1,8	(5–15)
Milch, Rind	0,05	0,02	0,5	5
Quark	0,5	0,01	0,5	4
Ei, gekocht	2,3	0,03	1,5	10
Maisflocken	2,0	0,2	0,3	10
Haferflocken	6,5	0,4	3,2	15
Reis, gekocht	0,2	0,02	0,4	0–2
Weizenbrot	3,8	0,2	0,8	6
Weizenkleie	15,0	1,3	7,6	50
Kartoffeln, gekocht	0,8	0,2	0,3	(3)
Salat, frisch	0,3	0,04	0,2	2
Bäckerhefe, frisch	5,0	1,6	2,6	1

( ) = geschätzte Werte

sammenwirken mit Vitamin E bei Entgiftungsvorgängen von Bedeutung. Bei ausgewachsenen Hunden sind Ausfallerscheinungen bisher nicht beschrieben, im Hinblick auf volle Vitalität, insbesondere für die Infektionsabwehr, ist aber eine optimale Zufuhr sicherzustellen.

Fettlösliche Vitamine

Vitamin A ist an der Synthese von Stoffen beteiligt, die als Gerüst- und Schleimstoffe zum Aufbau, zur Abdeckung und Abdichtung der Hautoberfläche benötigt werden, sowohl an der äußeren Haut als auch an den Schleimhäuten des Atmungs-, Verdauungs- sowie Harn- und Geschlechtsapparates. Bei einem Vitamin-A-Mangel trocknen die Schleimhäute aus und verhornen. Vitamin A ist darüber hinaus auch Bestandteil des Sehpurpurs und damit für das Sehvermögen von Bedeutung. Vitamin A kommt nur in Futtermitteln tierischer Herkunft, besonders in Leber, Eiern und Milch vor. Der Hund kann das in grünen Blättern und Möhren vorkommende β-Karotin in Vitamin A umwandeln. Die Ausnutzungsrate ist variabel. Im Mittel werden aus 1 mg β-Karotin etwa 500 IE Vitamin A gebildet.

Der Vitamin-A-Bedarf des Hundes wird durch Alter (erhöht bei jungen und alten Tieren), Leistungen sowie durch spezielle Belastungen wie Infektionen oder Parasitenbefall bestimmt. Eine Unterversorgung mit Vitamin A begünstigt Infektionen, Haar- und Hautveränderungen, eventuell auch Seh- und Hörstörungen.

Überhöhte Vitamin-A-Gaben können Gesundheitsstörungen wie geringe Gewichtszunahmen, Übererregbarkeit, Abbau von Knochensubstanz und Frakturneigungen verursachen. Langfristig sollten Hunde nicht mehr als das 10fache des Bedarfs (s. Tabelle S. 59) aufnehmen. Risiken bestehen vor allem beim unkontrollierten Einsatz vitaminierter Mineralfutter oder von Vitaminpräparaten (besonders bei Injektionslösungen) sowie bei einseitiger Leberfütterung.

Vitamin D fördert die Kalziumabsorption im Darm sowie den Ein- und Ausbau von Kalzium im Skelett. Für ausgewachsene Hunde ist es weniger wichtig als für wachsende Jungtiere, bei denen ein Mangel zu Störungen im Knochenwachstum führt (Rachitis).

Eine Überversorgung mit Vitamin D, die bei unvorsichtiger Verwendung entsprechender Präparate einschließlich Lebertran leicht möglich ist, kann zu überhöhten Kalzium- und Phosphorgehalten im Blut, Gefäßverkalkung, verstärktem Harnfluß und blutigen Durchfällen führen. Die Empfindlichkeit der Tiere ist vermutlich individuell und in Abhängigkeit vom gleichzeitigen Kalzium-, Phosphor- und Magnesiumangebot variabel. Die Vitamin-D-Zufuhr sollte selbst bei therapeutischen Maßnahmen das 5fache des Normalbedarfs (s. Tab. auf S. 59) nicht überschreiten.

Vitamin E (Tokopherole) ist an der Zellatmung, an Entgiftungsprozessen sowie der Infektionsabwehr beteiligt. In Futtermitteln (Gehalte s. Tab. S. 67) ebenso wie im Organismus kann Vitamin E die Bildung von schädlichen Peroxiden verhindern. In dieser Funktion läßt es sich durch andere Antioxidantien (s. Futterzusatzstoffe, Seite 35) ersetzen. Der Vitamin-E-Bedarf des Hundes schwankt insbesondere in Abhängigkeit von der gleichzeitigen Aufnahme an ungesättigten Fettsäuren. Pro Gramm ungesättigter Fettsäuren sollten mindestens 0,6 mg Vitamin E im Futter enthalten sein.

Futtermittel tierischer Herkunft, insbesondere Milchnachprodukte und fettarme Schlachtabfälle, enthalten im allgemeinen wenig Vitamin E. Unter praktischen Verhältnissen sind typische Vitamin-E-Mangelzustände wie Störungen in der Skelett- und Herzmuskulatur bisher selten beobachtet worden – vermutlich, weil sie zum Teil nicht erkannt werden. Die Vitamin-E-Versorgung kann insbesondere über Getreidekörner, Getreidenachprodukte und Getreidekeime, evtl. auch über Rückstände der Ölverarbeitung sowie Ergänzungspräparate gesichert werden. Gegenüber überhöhten Vitamin-E-Gaben ist der Hund relativ tolerant.

Vitamin K ist für die Blutgerinnung notwendig. Ein Mangel verzögert die Blutgerinnung, in ausgeprägten Fällen treten schwere Blutungen in den Geweben auf. Spontane Vitamin-K-Mangelzustände wurden bisher bei ausgewachsenen Hunden nicht beobachtet. Eine ungenügende Versorgung mit Vitamin K ist nach Vernichtung der Darmflora durch hohe Mengen Antibiotika und Sulfonamide oder auch bei Störungen des Galleflusses möglich, außerdem nach Aufnahme bestimmter Rattengifte, die Vitamin K inaktivieren.

Wasserlösliche Vitamine

Bei Hunden wurde ein **Vitamin-B_1**-(Thiamin)-Mangel, der an die

Gehalte an verschiedenen Vitaminen und Linolsäure in Futtermitteln (pro 100 g)

Futtermittel	Vitamin A (IE)	Vitamin E (mg)	Vitamin B_1 (mg)	Nikotinsäure (mg)	Biotin (µg)	Linolsäure (g)
Fleisch, Rind	50	0,6	0,11[1)]	5,1	3,0	0,2
Leber	12–40000	0,3	0,26	15	93	0,8
Magen, Schwein	30	1,0	0,07	1,6	7,0	0,1
Milch, Rind	100	0,1	0,03	0,1	4,0	1,0
Quark	45		0,04	0,1	6,4	+
Ei, gekocht	1200	1,0	0,10	0,1	20	1,2
Maisflocken	+	+	0,06	1,4		1,5
Haferflocken	+	3,2	0,60	1,0	20	3,0
Reis, gekocht			0,02	0,3		0,1
Weizenbrot		1,0	0,14	1,2	1,0	0,6
Weizenkleie	+[2)]	2,0	0,65	20	44	2,3
Kartoffeln, gekocht			0,10	1,4		+
Salat, frisch	400[2)]	0,5	0,04	0,3	0,7	+
Bäckerhefe, frisch		+	1,40	17	30	+

[1)] Schwein: 0,85; [2)] aus β-Carotin; Lücken: keine Werte bekannt; + Spuren

menschliche Beri-Beri erinnerte, schon früh beschrieben. Heute weiß man, daß Vitamin B_1 eine zentrale Rolle im Kohlenhydrat- und Energiestoffwechsel spielt. Überhöhte Gaben werden rasch über Niere und Darm abgegeben.

Der Bedarf des Hundes an Vitamin B_1 (s. Tab. S. 59) hängt von der Stoffwechselaktivität sowie der Zusammensetzung des Futters ab. In den meisten Untersuchungen erwies sich eine tägliche Zufuhr von 20 µg Vitamin B_1/kg Körpergewicht – auch bei intensiver Bewegung oder hohem Stärkegehalt in der Ration – als ausreichend.

In der Praxis wurden dennoch wiederholt Erkrankungen (Freßunlust, Kotfressen, Sternguckerhaltung, Nachhandlähmungen, Krämpfe, verlangsamter Puls) durch eine Mangelernährung beobachtet. Neben einer einseitigen Verwendung Vitamin-B_1-armer Futtermittel (polierter Reis, Weißmehle, Süßwaren, fettreiche Futtermittel, s. Tab. oben) ist häufig die falsche Behandlung von Futtermitteln Ursache einer ungenügenden Versorgung. Durch Wässern bzw. Kochen und anschließendes Entfernen des Kochwassers geht Vitamin B_1 in größeren Mengen verloren. Eine Zerstörung des Vitamins durch hohe Temperaturen ist nicht zu erwarten. Nach der Aufnahme von ungekochten Süßwasserfischen sowie Heringen sind ebenfalls B_1-Mangelzustände möglich, da diese Fische Vitamin-B_1-inaktivierende Substanzen enthalten, die jedoch durch Kochen zerstört werden können.

Besonders reich an Vitamin B_1 sind Hefe, Schweinefleisch, Mühlennachprodukte sowie der Magen-Darm-Inhalt von Pflanzenfressern.

Das **Vitamin B_2** (Riboflavin) ist Bestandteil von Enzymen im Atmungsstoffwechsel der Zelle. In den üblichen Futtermitteln liegen ausreichende Mengen vor. Besonders reich an Vitamin B_2 sind Milch, Hefe, Leber, Lunge, Vormägen, ärmer dagegen Getreideflocken. Bei der Verarbeitung der Futtermittel können – weniger durch Erhitzen, häufiger durch Entwässern – Verluste entstehen. Unter praktischen Verhältnissen wurden bisher keine Vitamin-B_2-Mangelzustände diagnostiziert.

Die **Vitamin-B_6**-aktiven Stoffe, die unter dem Namen Vitamin B_6 zusammengefaßt werden, sind für den Stoffwechsel der Aminosäuren und Eiweiße unentbehrlich. Die meisten Futtermittel weisen ausreichende Mengen an Vitamin B_6 auf, so daß Mangelerkrankungen nicht zu erwarten und auch in der Praxis nicht bekannt geworden sind.

Die Aufgaben von **Vitamin B_{12}**, das in nahezu allen Körperzellen vorkommt, sind nur teilweise aufgeklärt. Mangelerscheinungen machen sich zunächst in Geweben mit rascher Zellteilung bemerkbar, z. B. in Knochenmarkszellen im Zusammenhang mit der Blutbildung. Spontane Mangelerscheinungen sind bisher nicht beobachtet worden.

Pantothensäure ist im intermediären Stoffwechsel von zentraler Bedeutung. Eine ungenügende Versorgung des Hundes mit Pantothensäure ist unter praktischen Verhältnissen aufgrund der allgemein hohen Gehalte in Futtermitteln kaum zu erwarten; spontane Mangelsituationen wurden bisher nicht bekannt.

Die **Nikotinsäure** ist an Redoxvorgängen in der Zelle beteiligt, insbesondere bei der Wasserstoffübertragung. Der Bedarf hängt vom Ausmaß der Synthese im Darmkanal durch Bakterien, aber auch vom gleichzeitigen Angebot an Eiweiß, speziell von einer Aminosäure (Tryptophan) ab, aus der Nikotinsäure gebildet werden kann. Bei Verwendung hochwertiger Eiweiße (z. B. Kasein) geht der Bedarf an Nikotinsäure nachhaltig zurück. Die notwendigen Gehalte werden bei den meisten Futtermitteln erreicht oder überschritten, insbesondere bei Fleisch, Schlachtabfällen, Hefe etc. In Getreidekörnern und Getreidenachprodukten sowie Ölsaaten liegt die Nikotinsäure in gebundener, schwer verwertbarer Form vor, so daß sie, sofern keine spezielle Behandlung erfolgt, nur zu einem geringen Teil genutzt werden kann. Die in Futtermitteln tierischer Herkunft ebenso wie Hefen enthaltene Nikotinsäure kann dagegen nahezu vollständig verwertet werden.

Aus der Praxis sind wiederholt Mangelerkrankungen bei einseitiger Verwendung von getreidereichen Rationen (vor allem Mais) ohne ausreichende Ergänzung durch tierische Produkte oder vitaminierte Beifuttermittel beschrieben worden. Sie sind charakterisiert durch Freßunlust und entzündliche Veränderungen an der Haut, insbesondere an der Innenfläche der Oberlippe sowie der Rachen-, Zungen- und Darmschleimhaut. Wegen der auftretenden dunkelpurpurnen Zungenfarbe ist der Nikotinsäuremangel auch als »black tongue« bekannt.

Das Vitamin **Biotin** hat eine umfassende Bedeutung im Kohlenhydrat- und Fettstoffwechsel, aber auch Eiweißstoffwechsel: Es ist nötig zur Synthese von Keratin, der wichtigsten Grundsubstanz von Haaren, Krallen sowie der Hautepithelien. Die notwendigen Gehalte für Biotin werden bei den meisten Futtermitteln erreicht. Besonders reich an Biotin sind Hefe, Leber, Melasse und Milch. Das im Getreide vorkommende Biotin ist jedoch nur zu einem Teil für das Tier nutzbar, so daß bei den Gehalten dieser Futtermittel Abstriche zu machen sind. Dennoch ist ein primärer Biotinmangel unter praktischen Verhältnissen, insbesondere auch aufgrund der Synthese durch Darmbakterien, nicht sehr wahrscheinlich. Berichte über eindeutig diagnostizierte Biotin-Mangelerkrankungen aus der Praxis fehlen bisher. Bei verschiedenen Hauterkrankungen wurde ein Biotinmangel vermutet; in Einzelfällen scheint durch Zulage dieses Vitamins eine Besserung erzielt worden zu sein.

Ein echter Biotinmangel ist jedoch möglich bei Störungen der Darmflora, z. B. nach langfristiger Verwendung von Sulfonamiden und Antibiotika oder nach Aufnahme größerer Mengen roher Eier, da im Eiklar ein Stoff vorkommt, der das Biotin bindet. Durch Kochen, nicht aber durch Trocknen, kann dieser Stoff inaktiviert werden. Nach Fütterung von rohen Eiern in größeren Mengen können daher innerhalb von wenigen Tagen Biotinmangelzustände auftreten: glanzloses, trockenes und sprödes Haar, Ergrauen der Haare, Haarausfall, vermehrte Schuppenbildung, schließlich auch Hautentzündungen mit Verschorfung, Schwartenbildung und erhöhter Juckreiz.

Folsäure ist vor allem bei der Übertragung von Methylgruppen im intermediären Stoffwechsel unentbehrlich. Wegen der Synthese im Darm besteht bei ausgewachsenen Hunden mit normaler Darmfunktion nur ein geringer Bedarf. Reich an Folsäure sind neben grünen Pflanzen vor allem Hefe und Leber. Eine Unterversorgung mit Folsäure wurde unter praktischen Verhältnissen bisher nicht bekannt.

Askorbinsäure (Vitamin C) wird für den Bindegewebsstoffwechsel, insbesondere die Kollagensynthese, benötigt. Bei einem Mangel sind neben Zahnfleischschwellungen und -blutungen Ausfallerscheinungen am Skelett charakteristisch. Im Gegensatz zum Menschen ist der Hund in der Lage, ausreichend Vitamin-C-Mengen im Organismus, insbesondere in der Leber, zu synthetisieren. Daher ist eine Zufuhr über das Futter im allgemeinen nicht notwendig.

Ungesättigte Fettsäuren

Untersuchungen mit nahezu fettfreien Diäten zeigten bereits vor über 40 Jahren, daß im Fett Faktoren vorkommen, die für die normale Entwicklung von Haut und Haaren unentbehrlich sind. Später wurde nachgewiesen, daß einige ungesättigte Fettsäuren (Linol- und α-Linolensäure) vom Organismus nicht selbst gebildet werden können, sondern mit der Nahrung aufgenommen werden müssen.

Die notwendigen Gehalte werden in fettarmen Futtermitteln (z. B. bei Kombination von Rinderschlachtabfällen mit Reis bzw. bei starker Zucker- oder Schokoladenfütterung) nicht erreicht, so daß Ausfälle möglich sind. Reich an Linol- und Linolensäure sind pflanzliche Öle sowie Öle der Kaltwasserfische. Für einen Mangel, der nur bei langdauernder Unterversorgung zu erwarten ist, sind rauhes, trockenes Haarkleid, Hautverdickungen, Haarausfall, verstärkte Ohrschmalzbildung, erhöhte Infektionsneigung der Haut und geringe Wundheilung charakteristisch.

Ballaststoffe
Der Hund benötigt auch schwerverdauliche Nahrungsstoffe, insbesondere zur Regulation der Futterpassage im Dickdarm. Unter Ballaststoffen sind in diesem Zusammenhang die bis zum Ende des Dünndarms unverdaulichen Stoffe pflanzlicher oder tierischer, eventuell auch mineralischer Herkunft zusammenzufassen. Über die Rohfasergehalte in Futtermitteln gibt die Tabelle auf S. 119ff. Auskunft. Der Mindestanteil an Rohfaser in der Gesamtration sollte bei Hunden im Erhaltungsstoffwechsel etwa 1,5 % der Futtertrockensubstanz betragen, der Höchstgehalt 4 % nicht übersteigen, da dann die Verdaulichkeit des Futters insgesamt zurückgeht und die Kotmengen erheblich ansteigen.

Futtermittel

Für die Rationsgestaltung sind nicht allein Kenntnisse über den Nährstoffbedarf des Hundes notwendig, sondern auch über die verschiedenen Futtermittel, ihre Nährstoffgehalte und ihre zweckmäßige Zubereitung. Die Futtermittel können tierischer, pflanzlicher oder mineralischer Herkunft sein. Während früher in der Hundeernährung Futtermittel dominierten, die von Tieren stammten, gewinnen heute pflanzliche Produkte mehr und mehr an Bedeutung. Als wichtigstes Kriterium zur allgemeinen Einschätzung eines Futtermittels kann das Verhältis von **verdaulichem Rohprotein** zu **verdaulicher Energie** herangezogen werden (s. auch S. 71). Detaillierte Angaben über die Nährstoffzusammensetzung der Futtermittel finden sich in den Tabellen am Schluß des Buches (s. S. 119ff.).

Futtermittel tierischer Herkunft
Futtermittel tierischer Herkunft zeichnen sich durch einen hohen Protein-, eventuell auch Fettgehalt aus. Kohlenhydrate kommen nur in geringeren Mengen vor (Glykogen in Leber und Muskulatur, Milchzucker in Milch und Milchprodukten), Rohfaser fehlt. Diese Futtermittel werden im allgemeinen gut akzeptiert und verdaut. Eine Ausnahme bilden keratinhaltige Materialien wie Haare, Haut, Federn, stark mineralisierte Knochen sowie Futtermittel mit Enzymhemmstoffen (Eiklar) oder enzymresistenten Komponenten (Milchzucker in der Milch).

> Futtermittel tierischer Herkunft sind in jedem Fall zu kochen, da sie mit Parasiten und Infektionserregern, die auf Fleischfresser übertragbar sind, kontaminiert sein können.

Teilweise werden Schlachtabfälle tiefgefroren gehandelt; eventuell im Ausgangsmaterial enthaltene Bakterien oder Viren werden dadurch **nicht** abgetötet.

Unter den Parasitenzwischenformen haben die **Bandwurmfinnen** zweifellos

Gramm verdauliches Rohprotein pro 1 MJ verdauliche Energie in verschiedenen Futtermitteln	
Tiermehl	34
Quark	35
Fleisch, mager	30
Leber	26
Lunge	21–34
Sojaextraktionsschrot	27
Vormägen	25
Schweinemagen	16
Feuchtalleinfutter	16
Vollei, gekocht	15
halbfeuchte Alleinfutter	14
Kuhmilch	11
Trockenalleinfutter	13
Erwünschte Relation für Hunde im Erhaltungsstoffwechsel	**10**
Fleisch, fett	6–10
Hafer-, Weizen-, Maisflocken, Kartoffeln	5–6
Äpfel, Birnen	1

die größte Bedeutung. Die Finne des geränderten Bandwurms findet sich als hasel- bis walnußgroße Blase vorwiegend am Netz bzw. Dickdarm, eventuell auch an den Vormägen des Rindes. Die Finnen des Hunde-Bandwurms, die als kirsch- bis apfelgroße Blasen vor allem in Lunge und Leber von Wiederkäuern und Schweinen vorkommen, sind nur bei scheibenförmiger Zerlegung dieser Organe sicher feststellbar. Relativ häufig findet sich dieser Bandwurm bei Hütehunden.

Unter den schädlichen Bakterien sind **Salmonellen** auf rohen Innereien, aber auch in Tier- oder Fischmehl nicht selten, in Eiern dagegen eher die Ausnahme. Ob es nach Aufnahme von befallenem Material zu Krankheitserscheinungen kommt, hängt von der Salmonellenart, der Menge der aufgenommenen Bakterien sowie der Widerstandskraft des betreffenden Hundes ab. Andere schädliche Bakterien könnten allenfalls auf Produkten vorkommen, die nicht unter optimalen Bedingungen gewonnen oder nicht erhitzt wurden.

Unter den Virusarten hat der Erreger der **Aujeszkyschen Krankheit**, der Pseudowut, heute die größte Bedeutung, da sich der Hund bei der Aufnahme von kontaminiertem Fleisch oder Schlachtabfällen infizieren kann und diese Krankheit stets tödlich verläuft. Da befallene Rinder akut erkranken und schnell ausgemerzt werden, ist das Infektionsrisiko bei Rinderprodukten relativ gering. Das Virus ist dagegen in Schweinebeständen weit verbreitet, bleibt aber vielfach unerkannt.

Der bisher nicht sicher nachgewiesene Erreger des **Rinderwahnsinns** (BSE) kann bei üblichen Kochtemperaturen offenbar nicht inaktiviert werden. Hunde scheinen für den Erreger nicht empfänglich zu sein. Das Risiko, infiziertes Material in Deutschland zu kaufen, ist zudem außerordentlich gering.

Neben den Erregern selbst kommen gelegentlich auch **Gifte** vor, die sich in verdorbenen Futtermitteln gebildet haben. Gefährlich ist die Anreicherung mit dem Toxin des Bakteriums *Clostridium botulinum*, das schwere Lähmungen verursachen kann.

Schlachtabfälle sollten in der Regel vor der Zuteilung zerkleinert werden. Ohnehin findet der Hund z. B. innerhalb einer Wohnung kaum Platz, um große Stücke durch Beißen oder Reißen zerlegen zu können. Eine längere Beschäftigung mit der Futteraufnahme ist aus verhaltensphysiologischer Sicht nicht zwingend notwendig, wenn der Hund anderweitig ausreichend beschäftigt wird. Werden Fleisch- oder Schlachtabfälle in zu großen Brocken gefüttert, besteht – ebenso wie bei Obst oder rohen Kartoffeln – das Risiko, daß hastig abgeschluckte, zu große Stücke die Speiseröhre verstopfen oder wieder erbrochen werden. Mit häufigen vergeblichen Schluckversuchen – bei sehr großen Stücken – wird eventuell auch Luft aufgenommen (Gefahr der Magenblähung). Im übrigen wird gut zerkleinertes Material lieber als grobes gefressen. Die Schlachtabfälle sollten soweit zerkleinert werden, daß sie den Schlund ohne Schwierigkeiten passieren können.

Wasserreiche Futtermittel sind nur begrenzt haltbar und müssen daher konserviert sowie anschließend sachgerecht gelagert werden. Frische Schlachtabfälle lassen sich im Kühlschrank bei 0 bis 5 °C für einige Tage aufbewahren. Während der kühleren Jahreszeit können sie für einige Tage auch unter Wasser gehalten werden; wegen der Extraktion wasserlöslicher Nährstoffe ist das Wasser möglichst mitzuverwerten. Längere Lagerung von frischen Schlachtabfällen ist allein durch Tiefgefrieren unter –15 °C möglich.

Fleisch

Fleisch (Muskulatur) und seine Verarbeitungsprodukte (Mett) enthalten im wesentlichen Protein und Fett. Der Fettanteil kann je nach Herkunft den Eiweißgehalt übersteigen, insbesondere bei fettreichem Schweine-, Hammel- und Rindfleisch. Magere Fleischarten liefern Pferd, Geflügel und Kaninchen. Aufgrund des variierenden Fettanteils kann der Energiegehalt zwischen 0,5 und 2 MJ/100 g Frischsubstanz schwanken. Je nach Fettanteil entfallen 6 bis 38 g verdauliches Rohprotein auf 1 MJ verdauliche Energie (s. Tab. auf S. 71). Bei einseitiger Fütterung von fettarmem Fleisch besteht eine Eiweißüber-, bei sehr fettreichen Produkten eher eine -unterversorgung.

Kalzium ebenso wie Natrium sind nur in geringen Mengen im Muskelfleisch vorhanden bei relativ hohen Gehalten an Phosphor (sehr enges Ca/P-Verhältnis). Unter den Spurenelementen verdienen die niedrigen Gehalte an Jod, Kupfer und Mangan Beachtung. Wasserlösliche Vitamine sind in der Regel ausreichend vertreten. Besonders reich an Vitamin B_1 ist Schweinefleisch. Vitamin A und D kommen nur in Spuren vor, während der Vitamin-E-Gehalt in Abhängigkeit vom Fettgehalt variiert.

Die Verdaulichkeit von frischem Fleisch erreicht durchschnittlich 98 %. Rohes Fleisch fressen nicht alle Hunde gern. Zur Verbesserung der Akzeptanz, vor allem aber aus hygienischen Gründen, muß es gekocht werden.

Frisches oder getrocknetes Fleisch ist als alleiniges Futtermittel für Hunde keineswegs geeignet, da neben wichtigen Mineralien und Vitaminen auch strukturierte, schwerverdauliche Komponenten fehlen, die für ausreichende Darmbewegungen sorgen. Einseitige Fleischfütterung fördert Ausfallserscheinungen am Skelett bzw. Fehlgärungen im Dickdarm und die Bildung von schmierigem, übelriechendem Kot.

Wurstwaren

Neben wurstartigen Produkten, die als Allein- oder Ergänzungsfutter für die unmittelbare Verfütterung beim Hund vorgesehen sind, werden auch Wurstwaren aus dem Lebensmittelbereich verabreicht. Sie zeichnen sich in der Regel durch einen hohen Fett-, aber geringen Mineralstoff- und Vitamingehalt aus. Eine einseitige Verfütterung ist daher abzulehnen. Der Hund darf keine Wursthüllen aus Kunststoff und auch nicht die zum Abbinden der Wurstenden verwendeten Metallklammern schlucken.

Leber und Niere

Leber und Niere, die auch in frischem Zustand eine hohe bzw. ausreichende Akzeptanz aufweisen, enthalten etwa 15 bis 20 % hochwertiges Protein und 5 % Fett, die Leber (je nach Herkunft) auch 3 bis 4 % schwer verdauliche tierische Stärke (Glykogen). Während beide Organe – ähnlich wie Muskelfleisch – geringe Ca-Gehalte aufweisen, enthält die Leber hohe Mengen an Eisen, Kupfer und Zink sowie Vitamin A, Vitamin B_2, B_{12} und Nikotinsäure. In der Niere sind die Vitamingehalte niedriger, teilweise aber noch beachtlich.

Die Verdaulichkeit von Leber und Niere ist hoch. Bei überhöhter Aufnahme wirkt Leber infolge Fermentation des enthaltenen Glykogens im Dickdarm abführend. Eine überhöhte, einseitige Verfütterung dieser Organe ist aus ähnlichen Gründen wie beim Muskelfleisch unzweckmäßig, da sie zu wenig Ballaststoffe enthalten, und bezüglich der Leber nicht gefahrlos, da es zu einer Überversorgung mit Vitamin A oder auch Kupfer kommen kann. Risiken durch Schadstoffrückstände bestehen dagegen generell nicht.

Schlachtabfälle

Neben- und Abfallprodukte von Schlachttieren sind in der Hundefütterung weit verbreitet, vor allem **Vormägen der Wiederkäuer** und **Schweinemägen**, aber auch Euter und Lunge. Die Vormägen der Wiederkäuer (Pansen, Haube, Blättermagen) kommen heute meistens gereinigt (frisch oder getrocknet) in den Handel. Der Inhalt ungereinigter Vormägen (»grüner« Pansen) wird von den meisten Hunden gern gefressen. Neben dem intensiven Geruch, der eine Lagerung im Haushalt fast ausschließt, ist zu beachten, daß der Vormageninhalt häufig erhebliche Beimengungen wie Sand, Steine oder Metallstücke auf-

Weißer (gereinigter) Pansen.

weist, die insbesondere für unerfahrene, junge Hunde risikoreich sind.

Vormägen zählen zu den eiweißreichen Futtermitteln. Die Gehalte an Mineralstoffen, Spurenelementen und fettlöslichen Vitaminen sind unausgeglichen. Der Anteil an wasserlöslichen Vitaminen kann – je nach Reinigungsgrad – höher liegen. Je mehr Futterreste im Pansen und insbesondere im Blättermagen verbleiben, um so höher ist der Gehalt an wasserlöslichen Vitaminen.

Die Verdaulichkeit erreicht 90 bis 95 %. Eine einseitige Verfütterung ist nicht zweckmäßig, wenngleich die Nachteile geringer sind als bei ausschließlicher Fleischfütterung.

Schweinemägen werden in der Regel gern gefressen. Sie weisen je nach Trockensubstanzgehalt neben 15 % Protein bis zu 15 % Fett auf, so daß sie energiereicher sind als die Vormägen. Mineralstoff- und Vitamingehalte sind ähnlich wie in den Vormägen.

Andere Schlachtabfälle (Därme, Lunge, Milz, Euter, Ohren, Sehnen, Bänder) sind bindegewebsreich. Sie können – obwohl gut verdaulich – bei einseitiger Fütterung zu Flatulenz sowie weichem bis flüssigem dunklem bis schwarzem Kot führen.

Därme besitzen je nach anhaftendem Fett einen unterschiedlichen Nährstoffgehalt. Vor der Verfütterung sind sie zu zerkleinern und zu kochen, um ihre Aufnahme und Verdaulichkeit zu verbessern.

Lunge und Geschlinge: Die Zusammensetzung richtet sich nach Tierart und Schlachtbedingungen. Häufig wird die Lunge gemeinsam mit Schlund und anhaftendem Fett (Geschlinge) abgegeben. Dann ist ein relativ hoher Fett- und Energiegehalt zu erwarten, während reine Lunge nur wenig Fett aufweist. Bezüglich der Mineralstoff-, Spurenelement- und Vitamingehalte bestehen ähnliche Verhältnisse wie beim Fleisch. Die Akzeptanz frischer Lunge ist geringer als bei anderen Schlachtabfällen. Maximal werden 50 bis 70 g Frischsubstanz pro kg Körpergewicht und pro Tag aufgenommen. Durch allmähliche Gewöhnung in Kombination mit anderen Futtermitteln sowie durch Kochen kann die Akzeptanz verbessert werden. Die Verdaulichkeit erreicht 95 % und wird durch Kochen geringgradig erhöht, ebenso wie die Verträglichkeit (festere Kotkonsistenz). Vor dem Verfüttern muß die Luftröhre längs aufgeschnitten werden, da sich einzelne Knorpelringe der Luftröhre leicht über die Zunge schieben können.

Milz ist wie Lunge zu behandeln und einzusetzen.

Euter weist eine ähnliche Zusammensetzung auf wie die vorgenannten Schlachtabfälle, abgesehen von erheblichen Variationen im Fettgehalt. Infolge eines Restmilchgehaltes liegen die Kalzium-Gehalte höher als in den übrigen Schlachtabfällen. Akzeptanz und Verdaulichkeit sind ähnlich wie bei den vorgenannten Produkten einzuschätzen.

Schweine- oder Rinderohren (getrocknet) sollten nur in begrenzten Mengen (10 bis 20 % der Tagesportion) verfüttert werden.

Sehnen und Bänder bestehen aus Protein und Fett. Das Protein wird ähnlich gut wie Muskulatur verdaut. Bei übermäßiger Fütterung können die genannten Verdauungsstörungen eintreten. **Grieben** (Nebenerzeugis der Talg- und Fettgewinnung aus tierischen Produkten) bestehen überwiegend aus Bindegewebseiweiß, so daß sie ähnlich wie Sehnen und Bänder einzusetzen sind. Nach Überhitzen ist mit einer verringerten Verdaulichkeit zu rechnen.

Frisches **Blut** wird selten verfüttert. Es weist nur eine geringe Akzeptanz auf und ist leicht verderblich. Durch Kochen muß es vor Verderb geschützt werden. Die Behauptung, daß frisches Blut die Schärfe des Hundes steigere, ist unwahrscheinlich und bisher nicht erwiesen.

Knochen

Frische Knochen weisen neben Fett und Protein größere Mengen an Kalzium, Phosphor und Magnesium auf, so daß eine einseitige Verwendung schon aus diesem Grunde nicht angebracht ist. Der Energiegehalt in Knochen variiert in Abhängigkeit von der Fettmenge, die je nach Ausmästungsgrad und Alter der Schlachttiere schwankt. Die Verdaulichkeit der organischen Substanz im Knochen fällt mit steigender Menge, bedingt durch eine ungenügende Lösung der Mineralien aus dem bindegewebigen Grundgerüst, z. T. auch infolge einer beschleunigten Nahrungspassage.

Stark splitternde Knochen – z. B. von Wild – sind ungeeignet, da spitze Knochenteile zu mechanischen Schäden an Schlund oder Magen führen können. Zwischenfälle durch Geflügelknochen werden kaum noch beobachtet, da bei der heute üblichen frühen Schlachtnutzung des Geflügels keine stark splitternden, hochgradig mineralisierten Knochen anfallen. Bei Verfütterung sehr harter Knochen besteht auch ein geringes Risiko für Zahnfrakturen oder Absplitterung von Zahnteilen. Überhöhte Knochenfütterung begünstigt Knochenkotbildung mit Verstopfung.

Knochen können bei richtiger Auswahl und Dosierung zur Mineralstoffergänzung der Gesamtration genützt werden. Für diesen Zweck sind Knochen jüngerer Tiere (Kälber, Mastschweine) oder die weniger festen Rippen- und Brustbeinkochen geeignet. Knochen müssen vor dem Verfüttern abgekocht werden. Um den Kalzium- und Phosphor-Bedarf von Hunden im Erhaltungsstoffwechsel abzudecken, reicht etwa 1 g Frischknochen pro kg Körpergewicht und Tag aus. Zum Training des Gebisses und zur Erhaltung der Zahngesundheit sind härtere Knochen geeignet.

Tiermehle

Unter den Tiermehlen ist zwischen Einzelprodukten, die aus isolierten Geweben und Organen hergestellt werden (wie Fleisch-, Blut-, Leber-, Federmehl, Knochenschrot) sowie Gemischen aus den Gesamtabfällen (Tiermehl bzw. Geflügelabfallmehl) zu unterscheiden. Diese Verarbeitungsprodukte aus Schlachtabfällen kom-

Hunde mögen auch Trockenfisch. Es sollten aber nur kleinere Mengen davon verfüttert werden, sonst riecht der ganze Hund nach Fisch!

men nur nach ausreichender Erhitzung in den Handel, doch ein hygienisches Restrisiko der Kontamination vor allem mit Salmonellen bleibt bestehen.

Die Nährstoffgehalte von Fleisch-, Blut-, Leber- und Knochenmehl liegen infolge des Wasserentzugs höher als in den frischen Produkten. Durch den Trocknungsprozeß leidet im allgemeinen die Verdaulichkeit. Federn, Haare, Borsten und Hornreste bestehen überwiegend aus schwerverdaulichem Keratin. Aufgrund der geringen Verdaulichkeit und mäßigen Akzeptanz sind sie nur in begrenztem Umfang in Futterrationen zu verwenden.

Tiermehl ist ein Gemisch aus verschiedenen Schlachtabfällen, die nach Erhitzen und Zerkleinern getrocknet werden. Die wesentlichste Komponente stellt das Protein (40 bis 60 %). Seine Qualität und Verdaulichkeit schwanken je nach Ausgangsmaterial und Herstellungsverfahren. Der Fettanteil wird in der Regel auf maximal 11 % eingestellt. Hohe Rohfaseranteile im Tier- und Geflügelabfallmehl sprechen für die Verarbeitung von Magen-Darm-Inhalt. Der Energiegehalt wird dadurch gesenkt, wenngleich Gehalte bis zu 4 % noch eine günstige diätetische Wirkung haben können. Höhere Aschegehalte sind nur von Vorteil bei Kombination mit mineralstoffarmen Futtermitteln (Getreideschrote, Brot, Kartoffeln). Geflügelabfallmehle mit etwa 60 % Rohprotein enthalten vorwiegend Bindegewebseiweiß. Höhere Anteile an Keratin, das aus Federn und Ständern stammt, reduzieren wegen der geringen Verdaulichkeit den Futterwert erheblich.

Fische und Fischprodukte

Die Akzeptanz frischer Fische ist im allgemeinen gut, die Nährstoffzufuhr ausgeglichen, wenn die Fische insgesamt (einschließlich Skelett und Organen) aufgenommen werden. Die im Fisch enthaltenen Gräten sind kein besonderes Risiko, sofern es sich nicht um große und stark mineralisierte, wenig elastische Skelettanteile handelt. Frische Fische sind stets zu kochen, um die z. T. vorkommenden hitzeempfindlichen Vitaminblocker (insbesondere in Süßwasserfischen) und mögliche schädliche Parasitenzwi-

Bereits bei Welpen ist eine ausgewogene Ernährung sehr wichtig, damit keine Wachstumsstörungen auftreten.

schenformen oder Bakterien zu inaktivieren. Im Handel werden auch Trokkenfische angeboten. Trotz relativ günstiger Futtereigenschaften sollten Fischprodukte nur in begrenzten Mengen eingesetzt werden, da der Hund sonst schnell »nach Fisch« riecht.

Vorsicht: Fischköpfe können Angelhaken enthalten, deren Aufnahme zu schweren Komplikationen führt.

Milch und Milchprodukte

Kuhmilch ist ein wertvolles, hochverdauliches Nahrungs- und Futtermittel, kann aber in der Hundefütterung nur begrenzt verwendet werden. Vollmilch weist neben Fett, Eiweiß und Milchzucker relativ hohe Gehalte an Mengenelementen und ein weites Spektrum aller Vitamine auf, sie ist jedoch arm an Spurenelementen. Begrenzend für den Einsatz von Milch ist der relativ hohe Milchzuckergehalt (rd. 40 % der Trockensubstanz). Milchzucker kann von ausgewachsenen Hunden schlecht verwertet werden und führt oft zu Verdauungsstörungen. Die Toleranz für Milchzucker variiert zwischen Hunden jedoch erheblich. Generell sollte bei ausgewachsenen Hunden die pro Tag verabreichte Milchmenge auf 20 ml/kg Körpergewicht begrenzt und nur nach

Feststellung einer höheren Verträglichkeit bei Einzeltieren großzügiger bemessen werden. Milch kann gut zum Einweichen von Trockenfuttern verwendet werden.

Magermilch ist ähnlich wie Vollmilch zu beurteilen, der geringere Energiegehalt infolge des Fettentzuges und der Verlust an fettlöslichen Vitaminen sind jedoch zu berücksichtigen. Hunde nehmen auch gerne gesäuerte Milchprodukte wie Dickmilch oder Joghurt auf. Die Verträglichkeit der Sauermilch ist im allgemeinen besser als von Vollmilch, da ein Teil des Milchzuckers in Milchsäure überführt wurde. Nach vorliegenden Erfahrungen werden bis zu 40 ml Sauermilch pro kg Körpergewicht/Tag in Kombination mit kohlenhydratreichen Futtermitteln von den meisten Hunden vertragen.

Von den übrigen Milcherzeugnissen werden Quark und Käse verfüttert. Die Fettgehalte (Mager-, Fettquark bzw. Mager- und Fettkäse) sind wechselnd. Entsprechend variiert der Energiewert. Sie enthalten wenig Milchzucker, so daß sie je nach Eiweißbedarf in größeren Mengen verwendet werden können.

Hühnereier

Eier und Eiprodukte werden nur selten in größeren Mengen in der Hundefütterung eingesetzt. Die Eitrockenmasse besteht zu gut 50 % aus Protein und zu fast 50 % aus Fetten, so daß auf 1 MJ verdauliche Energie etwa 10 g verdauliches Rohprotein kommen. Eiklar von Hühnern, aber auch von Enten enthält einen Hemmstoff, der die Verdauung des Eiweißes beeinträchtigt. Nach Fütterung größerer Mengen von rohem Eiklar stellen sich daher Verdauungsstörungen ein. Der Hemmstoff wird durch Kochen weitgehend inaktiviert, ähnlich wie ein im Eiklar enthaltenes Protein, das Biotin zu binden vermag und dessen Absorption verhindert. Eier sollten daher – auch im Hinblick auf das Risiko einer Salmonellen-Infektion – nur gekocht verfüttert werden.

Die im Eidotter enthaltenen hohen Mengen an ungesättigten Fettsäuren können den Glanz des Haarkleides verbessern. Während im Ei kaum Mengenelemente vorliegen, ist der Gehalt an Spurenelementen und Vitaminen relativ hoch. Getrocknete und zerkleinerte Eischalen sind zur Mineralstoffergänzung geeignet, da sie zu etwa einem Drittel aus Kalzium bestehen.

Gekochte Eier sind bei Hunden mit geringer Freßlust, zur Aufwertung von Rationen mit minderwertiger Eiweißqualität sowie als Krankenkost geeignet. Werden sie mit Schale zerkleinert, steigt der Kalzium-Gehalt nachhaltig.

Futtermittel pflanzlicher Herkunft

Futtermittel pflanzlicher Herkunft gewinnen in der Ernährung des Hundes immer größere Bedeutung. Während bisher vor allem stärkereiche Futtermittel als Energielieferanten dienten, werden heute in zunehmendem Maße auch proteinreiche pflanzliche Produkte genutzt. Im Vergleich zu Futtermitteln tierischer Herkunft besitzen sie aufgrund mehr oder weniger großer Anteile an schwerverdaulichen Faserstoffen eine geringere Verdaulichkeit und werden meistens weniger gern gefressen.

Futtermittel pflanzlicher Herkunft sind selten mit Erregern kontaminiert, die dem Hund schaden könnten. Sie müssen in der Regel zerkleinert und gekocht werden, um die Aufnahme zu verbessern und insbesondere die Verdaulichkeit zu erhöhen. Pflanzliche Stärke wird durch Kochen oder feuchte Wärme für die Verdauungsenzyme besser angreifbar. Im Haushalt läßt sich dieses Ziel durch Übergießen mit heißem Wasser oder leichtes Erwärmen erreichen, in der Futtermittelindustrie durch Behandlung mit Infrarotstrahlen (Mikronisieren), Walzen unter Zusatz von Heißdampf (Extrudieren) oder Puffen (Anwendung trockener Wärme).

Gemüse wird nach vorheriger Zerkleinerung mit wenig Wasser kurz aufgekocht, damit die Zellwände zerreißen und der Zellinhalt austritt; um die Vitaminverluste gering zu halten, sollte möglichst ein Druckkochtopf verwendet werden. Geringe Mengen an Gemüse können, wenn der Hund daran gewöhnt ist, auch roh anderen Futtermitteln zugemischt werden.

Die meisten Futtermittel werden durch Trocknen konserviert und damit lagerfähig. Bei Futtermitteln pflanzlicher Herkunft muß der Wassergehalt unter 13 bis 14 %, bei Futtermitteln tierischer Herkunft unter 10 % und bei Milchprodukten unter 5 bis 7 % liegen, um Verderb oder Qualitätsminderung zu vermeiden.

Nach der Trocknung sind die Futtermittel so zu lagern, daß sich der Wassergehalt nicht erhöht, d.h. in luftigen, trockenen Räumen, in denen sich kein Kondenswasser bildet bzw. kein Wasser aus der Luft aufgenommen werden kann. Gegenüber Boden- und Wandfeuchtigkeit schützt die Stapelung auf Paletten bzw. Isolierschichten.

Bei feucht-warmer Lagerung besteht die Gefahr von Schimmelpilzwachstum. Einige Pilzarten, die besonders auf Ölrückständen, Getreide und Getreidenachprodukten vorkommen, können Toxine produzieren. Bei ungünstigen Lagerungsbedingungen sind in Trockenfuttermitteln, insbesondere in Flockenfuttern, auch Milben und Insekten wie der Gemeine Speckkäfer oder Reismehlkäfer zu finden.

Nach Aufnahme von Futtermitteln mit Schimmelpilzen, Milben bzw. Insekten können Erbrechen und Durchfälle auftreten. Befallene Futtermittel dürfen nicht mehr verfüttert werden.

Getreidekörner und Verarbeitungsprodukte

Getreidekörner – Weizen, Mais, Hirse, Hafer, Reis – sind aufgrund ihres hohen Gehaltes an Stärke vor allem als Energielieferanten zu betrachten. Der Gehalt an Rohprotein ist relativ gering (etwa 10 %), so daß auf 1 MJ verdauliche Energie nur 6 g verdauliches Rohprotein entfallen. Die Mineralstoffausstattung des Getreidekorns ist unvollkommen. Bei mittleren Phosphormengen sind die Gehalte an Kalzium und Natrium niedrig (s. Abb. S. 60). Von den fettlöslichen Vitaminen ist nur Vitamin E in der Keimanlage in größeren Konzentrationen vorhanden, während die übrigen fettlöslichen Vitamine fehlen. Relativ günstig sind dagegen die Gehalte an wasserlöslichen Vitaminen (außer Vitamin B_{12}), die vor allem in den äußeren Schichten des Getreidekorns vorkommen, jedoch in Verarbeitungsprodukten (Weißmehle) fehlen. Die Verdaulichkeit der zerkleinerten Gesamtkörner liegt um 95 %, bei rohfaserreichen Körnern wie Hafer oder Gerste tiefer.

Von den Getreidekörnern werden in erster Linie Mais, Weizen, Reis und Hafer verwendet, seltener Roggen und Hirse. Sie kommen in verschiedenen Zubereitungsformen in den Handel. Getreideschrote sind zerkleinerte Getreidekörner, die dieselbe Zusammensetzung wie das Ausgangsmaterial aufweisen. Für Getreideflokken werden die Mais- und Weizenkörner ingesamt verwertet, so daß der Nährstoffgehalt gegenüber dem Ausgangsmaterial unverändert bleibt. Zur Herstellung von Haferflocken oder Grieß bzw. Graupen aus Gerste müssen Spelzen, z. T. auch Frucht- und Samenschalen entfernt werden, weshalb diese Produkte gegenüber dem Ausgangsmaterial weniger Rohfaser enthalten. Durch die bei der Flockenherstellung gleichzeitig einwirkende Wärme und den Druck der Walzen wird die Verdaulichkeit der enthaltenen Stärke verbessert. Unter den Getreideflocken weisen die Haferflocken den höchsten Gehalt an Fett und ungesättigten Fettsäuren auf, so daß sie schon aus diesem Grunde eine weite Verbreitung in der Hundefütterung gefunden haben. In Maisflocken liegt der Fettanteil tiefer als in Haferflokken, aber höher als bei anderen Getreideflockenarten.

Reis hat vermutlich wegen seiner leichten Handhabung nach dem Kochen (keine Verkleisterung) und seiner guten Akzeptanz in der Hundefütterung weite Verbreitung gefunden. Reis ist ähnlich wie die anderen Getreidearten primär ein energielieferndes Futtermittel mit wenig Eiweiß und Mineralien. Durch das Polieren gehen wertvolle Komponenten wie wasserlösliche Vitamine, Gerüststoffe und Fett verloren. Aus diesem Grunde ist ungeschälter Reis dem polierten vorzuziehen.

Getreidemehle bestehen im wesentlichen aus dem Mehlkörper des Getreidekorns und – je nach Ausmahlungsgrad – mehr oder weniger großen Anteilen der Frucht- und Samenschale. Die im Vollkorn in den äußeren Schichten gelegenen wasserlöslichen Vitamine, Mineralien, Eiweiße und Gerüststoffe sind in Getreidemehlen nur zu einem Teil vertreten. Durch Abtrennen der Keimanlage vor der Vermahlung wird auch Vitamin E entfernt. Der Nährstoffgehalt der Getreidemehle ist daher einseitiger als im Getreidekorn.

Brot besteht aus Getreidemehlen unterschiedlichen Ausmahlungsgrades, die mit Hefe oder Sauerteig und Salz versetzt werden und deren Stärke durch Backen aufgeschlossen wird. Vollkornbrote besitzen einen höheren Anteil an Gerüststoffen, Ascheanteilen und Vitaminen. Der Nährstoffgehalt von Brot ist ähnlich wie bei Getreidemehlen oder **Nudeln**, d. h. es handelt sich um eiweißarme Produkte. Die Verdaulichkeit der organischen Substanz des Brotes erreicht etwa 75 %, die des Rohproteins nur etwa 70 %. Brot oder Nudeln bedürfen in jeder Beziehung einer Ergänzung. Nach Verfütterung von frischem Brot besteht das Risiko von Fehlgärungen; abgelagertes Brot ist daher vorzuziehen.

Weizenkeime stellen eine gute Quelle für Vitamin E und wasserlösliche Vitamine dar. Wegen des gleichzeitig hohen Gehalts an ungesättigten Fettsäuren, der ernährungsphysiologisch günstig zu bewerten ist, sind sie jedoch nicht gut lagerfähig (Risiko des Ranzigwerdens).

Weizenkleie mit einem Gehalt von 10 bis 12 % Rohfaser läßt sich wegen ihrer mäßigen Verdaulichkeit (etwa 65 %) und Akzeptanz nur in begrenztem Ausmaß in der Hundefütterung einsetzen. Da die unverdaulichen Gerüststoffe der Kleie Wasser binden, den Füllungsdruck im Dickdarm erhöhen und die Peristaltik anregen, kann Kleie zur Regulierung der Darmtätigkeit – besonders in Kombination mit hochverdaulichen Stoffen wie Schlachtabfällen oder Getreidemehlen – mit gutem Erfolg verwendet werden. Der Kleieanteil sollte dann etwa 5 bis 10 % der Futtertrockensubstanz betragen.

Mais- oder Weizenkleber sind eiweißreiche Produkte (rd. 60 bis 70 % Rohprotein) von hoher Verdaulichkeit (rd. 90 %), die in Futtermischungen für Hunde in begrenztem Umfang – 10 bis 20 % der Ration – genutzt werden.

Erbsen, Bohnen, Leinsamen

Die Mineralstoff- und Vitaminausstattung von Erbsen und Gartenbohnen ist ähnlich unausgeglichen wie im Getreidekorn. Der Rohproteingehalt, aber auch der Rohfasergehalt liegt merklich höher. Die stickstofffreien Extraktstoffe (rd. 60 %) enthalten z. T. schwerverdauliche Kohlenhydrate. Das Protein ist zu 75 bis 85 % verdaulich. Die Rohfaser der Hülsenfrüchte zeichnet sich durch einen geringen Ligningehalt aus, so daß ein relativ hoher Anteil im Dickdarm unter Beteiligung der Darmbakterien verdaut werden kann. Nach Fütterung größerer Mengen werden verstärkt Blähungen beobachtet. Erbsen und Bohnen müssen vor der Verfütterung zur Verbesserung der Verdaulichkeit, aber auch zur Vernichtung des in Gartenbohnen enthaltenen Giftstoffes Phasin, gekocht werden. Sie lassen sich dann je nach Zusammensetzung der Gesamtration in Mengen bis zu 10 % verwenden.

Sojabohnen weisen ähnliche Eigenschaften wie Erbsen und Bohnen auf. Entscheidend sind jedoch der hohe, etwa 20 % betragende Fettanteil und die wesentlich höhere Eiweißqualität gegenüber anderen Leguminosenkornern. Von der Sojabohne werden vorrangig die nach der Fettgewinnung verbleibenden Rückstände als Futtermittel verwendet (s. u.). Heute gelingt es jedoch, durch Mikronisieren und Walzen eine gut verdauliche Flocke aus der Gesamtbohne mit hohem Fettgehalt herzustellen. Sojaflocken sind energie- und eiweißreich. Nach einseitiger Verwendung ist aber mit vermehrtem Auftreten von Blähungen zu rechnen.

Leinsamen sind eiweiß- und fettreich. Das Fett weist einen hohen Anteil an ungesättigten Fettsäuren auf, die sich auf den Glanz des Haarkleides auswirken. Leinsamen enthalten jedoch ein blausäurehaltiges Gift, so daß sie vor der Verfütterung eingeweicht und anschließend etwa 5 Minuten lang aufgekocht werden müssen. Bei ganzen Körnern dient das Kochen auch zur Sprengung der äußeren Schale.

Pflanzliche Eiweißextrakte

Unter den nach Gewinnung von Ölen und Fetten aus fettreichen Samen und Früchten anfallenden Rückständen haben Sojaprodukte in den letzten Jahren die größte Bedeutung erlangt. Sie sind als Sojaextraktionsschrot, Sojaeiweißkonzentrat oder Sojaproteinisolat im Handel. Bei diesen Produkten steigt der Eiweißgehalt von etwa 45 % auf über 90 % an bei gleichzeitigem Rückgang unerwünschter Kohlenhydrate (s. u.) und der Rohfaser.

Sojaextraktionsschrot enthält nur Spuren von Stärke, dafür relativ hohe Mengen (6 bis 7 %) an Zuckern (Stachyose, Raffinose), die nur im Dickdarm abgebaut werden und zusammen mit den Hemizellulosen verstärkt zu Blähungen führen können. Sojaprodukte sind, ebenso wie das Ausgangsmaterial, arm an Mineralstoffen, Spurenelementen und fettlöslichen Vitaminen, dagegen reich an B-Vitaminen. Die organische Substanz des Sojaextrationsschrotes wird nur zu etwa 70 % verdaut, davon etwa ein Viertel im Dickdarm. Die Sojaprodukte kommen nicht nur als Schrote, sondern auch – insbesondere in Fertigprodukten – in texturierter Form in den Handel. Dazu wird das Eiweiß zunächst in eine fadenartige Struktur überführt und dann zu fleischähnlichen Substanzen »versponnen« (Tofu). Sojaextraktionsschrot kann in Mengen von 10 bis 15 % in Futterrationen eingesetzt werden. Grenzen ergeben sich aufgrund der Akzeptanz und der Nebenwirkungen im Dickdarm.

Von den übrigen Rückständen der Fettgewinnung kommen allenfalls **Erdnuß-** und **Leinsaatprodukte** als Futtermittel in Frage. Erdnußextraktionsschrote aus enthülster Saat weisen einen ähnlich hohen Rohproteingehalt auf wie Sojaextraktionsschrote – bei weniger Rohfaser. Leinsamenextraktionsschrote wurden in der Hundefütterung bisher selten verwendet. Ihre Verdaulichkeit erreicht etwa 85 %. Bemerkenswert sind der hohe Selengehalt sowie die diätetisch günstig wirkenden Schleimstoffe in Leinsamen und Leinsamenextraktionsschroten, aber auch ein hitzeempfindlicher Stoff, der Vitamin B_6 zu inaktivieren vermag.

Hefen

Futterhefen sind mit etwa 50 bis 60 % Rohprotein eiweißreich und können eiweißarme Futtermittel ergänzen (Verdaulichkeit nur etwa 80 %). Außerdem ist ihr hoher Gehalt an wasserlöslichen Vitaminen bemerkenswert. In geringen Mengen – bis 2 % der Futtertrockensubstanz – werden Hefen gern als natürliche Vitamin-B-Quellen eingesetzt. Wegen des bitteren Geschmacks müssen sie, wenn sie in größeren Mengen oder als Zusatzpräparat verwendet werden sollen, entweder zuvor entbittert oder gut mit anderen Futtermitteln vermischt werden, um eine ausreichende Akzeptanz zu erreichen.

Wurzeln und Knollen

Kartoffeln liefern aufgrund ihres hohen Stärkegehaltes vorwiegend Energie. Auf 1 MJ verdauliche Energie entfallen nur etwa 5 g verdauliches Rohprotein. Unter den Mineralstoffen ist der hohe Kaliumgehalt hervorzuheben, während die übrigen Mineralien knapp vertreten sind bei relativ günstigen Gehalten an wasserlöslichen Vitaminen. Vor der Verfütterung sind Keime zu entfernen, die Kartoffeln sorgfältig zu reinigen und in der Schale zu kochen. Wegen des möglicherweise hohen Gehalts an giftigem Solanin muß das Kochwasser verworfen werden. Die Kartoffeln werden am besten zusammen mit der Schale zerkleinert und mit anderen geeigneten Futtermitteln vermischt. Auf diese Weise bleiben die Verluste an wasserlöslichen Vitaminen gering. Kartoffeln können wegen der guten Akzeptanz bis zu 60 % der Trockensubstanz einer Ration stellen. Sie haben sich u. a. bei Hunden mit viel Bewegung gut bewährt. Rohe Kartoffeln sind fast unverdaulich.

Möhren enthalten neben pflanzlichen Gerüststoffen und sonstigen Kohlenhydraten einschließlich Zucker auch das Provitamin A (β-Karotin), das vom Hund genutzt werden kann. In Mengen bis zu 20 g/kg Körpergewicht/Tag können Möhren, die eine Verdaulichkeit von 90 % erreichen, nach Gewöhnung roh verfüttert werden. Sie begünstigen bei Hunden, die zu übermäßiger Futteraufnahme neigen, eine frühe Sättigung. **Rote Bete** sind ähnlich zu verwenden, jedoch arm an β-Karotin.

Als **Trockenschnitzel** bezeichnet man das Mark der Zuckerrüben nach Entfernung des Zuckers. Sie sind in kleinen Mengen (bis 5 %) zur Regulierung der Darmtätigkeit durchaus geeignet.

Gemüse, Obst und Nüsse

Gemüse wie **Salat, Grünkohl, Petersilie, Schnittlauch, Spinat** oder **Tomaten** weisen in frischem Zustand einen hohen Wassergehalt und relativ große Mengen an pflanzlichen Gerüststoffen – in der Regel über 10 % in der Trockensubstanz – auf. Ihre Verdaulichkeit bleibt meistens unter 70 %. Die Gehalte an verdaulicher Energie ebenso wie an verdaulichem Eiweiß sind entsprechend gering. Aufgrund ihrer Gerüststoffe und Vitamine können geringe Gemüsemengen faserarmen, einseitig zusammengesetzten Rationen zugemischt werden (bis zu 5 % der Trockensubstanz). Zur besseren Akzeptanz und Verdaulichkeit wird das Gemüse bei Einsatz größerer Mengen zuvor kurz gekocht.

Luzernegrünmehl hat sich in Kombination mit Schlachtabfällen oder anderen hochverdaulichen Rationen in Mengen bis zu 5 % in der Trockensubstanz zur Regulation der Darmtätigkeit bewährt. Auch in Diäten für fette Hunde läßt sich Luzernegrünmehl, dessen Akzeptanz allerdings nicht sehr hoch ist, verwenden.

Tomatenmark: Ähnlich günstige diätische Wirkungen wie von den zuvor genannten Stoffen wurden auch von geringen Mengen an Tomatenmark berichtet, das rund 4 % Pektin enthält.

Mit **Zwiebeln** und **Knoblauch** lassen sich entgegen einem verbreiteten Volksglauben Würmer nicht abtreiben. Übermäßige Zwiebelfütterung begünstigt Blutarmt. Aus diesem Grund und wegen der auftretenden Geruchsbelästigungen sind größere Mengen roher Zwiebeln für Hunde nicht geeignet.

Äpfel werden gelegentlich verfüttert. Sie enthalten neben rund 85 % Wasser vorwiegend Pektine und Zukker. Bei chronischen Darmerkrankungen werden Apfeldiäten empfohlen. Die hohen Vitamin-C-Gehalte im Apfel sind für den Hund ohne Bedeutung, da sein Organismus Vitamin C zu synthetisieren vermag.

Getrocknete Pflaumen haben auch beim Hund eine deutlich abführende Wirkung, so daß sie bei festem Kot verwendet werden können (eingeweicht und entkernt).

Bananen sind aufgrund ihres hohen Stärkegehaltes als reine Energiequellen anzusehen. Bei Fütterung in größeren Mengen müssen sie zuvor gedämpft werden, um ihre Verdaulichkeit zu erhöhen.

Nüsse liefern vorwiegend Energie in Form von Fett. Nach ausreichender Zerkleinerung werden die enthaltenen Fette gut verdaut. Aufgrund des möglichen Blausäuregehaltes sollten Mandeln nur in geringen Mengen verfüttert werden. Gesalzene Nüsse sind ebenfalls nur in kleinen Mengen anzubieten.

Fette und Öle

Fette und Öle sind reine Brennstoffe. Sie enthalten außer essentiellen Fettsäuren keine anderen lebensnotwendigen Nährstoffe und können besonders bei Hunden mit hohem Energiebedarf und hoher Bewegungsleistung eingesetzt werden. Akzeptanz und Verträglichkeit sind im allgemeinen gut. Fette mit einem hohen Anteil an Buttersäure oder mittellangen Fettsäuren wie Palmkernfett oder Kokosöl sind in größeren Mengen allerdings weniger verträglich, da diese Fettsäuren beim Hund abführend wirken, eventuell auch Erbrechen verursachen.

Fette pflanzlicher Herkunft enthalten in der Regel hohe Anteile an ungesättigten Fettsäuren. Dadurch sind sie jedoch weniger stabil, so daß ein größeres Risiko für Ranzigwerden besteht, mit entsprechenden Konsequenzen für Akzeptanz bzw. Vitamin-E-Bedarf. Soja-, Mais- und Sonnenblumenöl haben sich bewährt. Auch Leinsaat- und Olivenöl scheinen eine gute Verträglichkeit zu besitzen. Im Handel werden auch spezielle Öle (z. B. Nachtkerzenöl) angeboten, die jedoch nur in besonderen Fällen, nach tierärztlicher Anweisung, gegeben werden sollten.

Unter Fetten tierischer Herkunft ist der Anteil an ungesättigten Fettsäuren in Wiederkäuerfetten am geringsten und nimmt über das Schweine- und Geflügelfett bis zum Fischöl zu. Entsprechend steigt die Verdaulichkeit. In tierischen Fetten heimischer Produktion sind die Gehalte an chlorierten Kohlenwasserstoffen gering und unkritisch.

Schokolade und andere Süßigkeiten

Sie zählen nicht zu den notwendigen Futtermitteln für Hunde. Gleichwohl werden sie gefüttert, weil sie von den meisten Hunden sehr begehrt sind. Aus ernährungsphysiologischer Sicht ist die Fütterung von Schokolade und Bonbons an Hunde überflüssig, häufig sogar nachteilig. Es handelt sich um einseitig zusammengesetzte, reine Energielieferanten, die meistens keine anderen lebenswichtigen Nährstoffe enthalten. Infolge der guten Akzeptanz besteht stets die Gefahr überhöhter Energieaufnahme bei gleichzeitig ungenügender Versorgung mit anderen Nährstoffen. Verfettung und Mangelkrankheiten sind die Folge, ebenso wie Kariesbildung an den Zähnen. Schokolade enthält mehr oder weniger große Theobrominmengen. Nach einseitiger, längerdauernder Verfütterung sind infolge der kumulativen Wirkung des Theobromins sogar Vergiftungen beschrieben worden.

Andere Süßigkeiten wie Marzipan, Kekse etc. haben ähnliche Nachteile. Bei Salzgebäck ist der hohe Salzgehalt zu berücksichtigen, der insbesondere Hunden mit Herzerkrankungen schadet.

Mineralstoff- und vitaminhaltige Einzelfuttermittel und sonstige Produkte
Unter den Einzelmineralien zur Ergänzung verschiedener mineralstoffarmer Futtermittel sind **kohlensaurer Futterkalk** und **Viehsalz** von Bedeutung. Während die Aufnahme von zusätzlich angebotenem Salz keine Schwierigkeiten macht, muß der kohlensaure Futterkalk mit anderen Komponenten gut vermischt werden, um aufgenommen zu werden. Auch zerkleinerte Eierschalen sind für die Kalziumergänzung der Ration geeignet, ebenso wie Kalzium-Laktat und Kalzium-Zitrat. Der Hund verwertet das Kalzium aus diesen Verbindungen kaum besser als aus kohlensaurem Futterkalk. **Knochenfuttermehl** (aus entfetteten und entleimten Knochen) oder **Futterknochenschrot** (aus entfetteten Knochen mit noch etwa 25 % Rohprotein) liefern Kalzium, Phospor sowie geringe Mengen an Magnesium, Natrium und Zink. Aufgrund ihres spezifischen Geruches haben sie eine gute Akzeptanz.

Als mineralstoffreiches Naturprodukt ist **Seealgenmehl** beliebt. Es zeichnet sich durch einen hohen Jodgehalt aus. Mengen von mehr als 0,1 g/kg sind zu vermeiden, da Jod im Überschuß schädlich wirken kann.

Für die Versorgung des Hundes mit den Vitaminen A und D werden **Lebertran oder Lebertranemulsionen** kaum noch genutzt. Als natürliche Produkte zur Vitamin-A-Versorgung sind **Leber**, für Vitamin E **Weizenkeimlinge** zu nennen. Als Lieferant für B-Vitamine kommt **entbitterte Bierhefe** in Betracht. Hinweise zu vitaminiertem Mineralfutter und Vitaminpräparaten finden sich auf S. 122 und 123.

Mineralstoffhaltige Futtermittel (Gehalte pro 100 g)

	Kalzium (g)	Phosphor (g)	Natrium (g)	Jod (mg)
kohlensaurer Futterkalk	36			
Kalziumzitrat (× 4 H_2O)	21			
Kalziumlaktat (× 5 H_2O)	13			
Viehsalz (Kochsalz), jodiert			38	7
Knochenfuttermehl	30	15		
Futterknochenschrot	18	9	0,6–1	
Seealgenmehl	1–3		3–4	50–150
Eischalen, getrocknet	37	0,2	0,1	0,01

Spurenelemente: NaJ (68 % J); KJ (76 % J); $CuSO_4 \times 5\ H_2O$ (25 % Cu); $ZnSO_4 \times 7\ H_2O$ (23 % Zn) und Na_2SeO_3 (46 % Se)

Ergänzungsfuttermittel

Eiweißarm
Zur Ergänzung von Schlachtabfällen oder anderen eiweißreichen Nebenprodukten stehen eiweißarme, industriell hergestellte Ergänzungsfutter zur Verfügung, meistens als Flockenfutter bezeichnet (s. Abb. auf S. 87). Sie enthalten überwiegend gut verdauliche Getreideflocken. Mit etwa 10 % Rohprotein sind sie eiweißarm, dank des geringen Aschegehaltes und mittlerer Fettgehalte (etwa 4 %) kommen sie auf Energiegehalte von 1,6 MJ (rund 1,45 MJ verdauliche Energie) pro 100 g.

Die meisten Produkte sind nicht ausreichend mit Kalzium ergänzt (im Durchschnitt 0,6 g/100 g), während ihre Vitaminierung im allgemeinen befriedigt. Bei der Kombination mit Schlachtabfällen ist daher auf eine ausreichende Ergänzung mit Mineralien zu achten.

Eiweißreich
Zur Ergänzung von Reis, Haferflocken oder anderen eiweißarmen Futtermitteln gibt es eiweißreiche Ergänzungsfuttermittel, insbesondere als Trockenfleisch mit Rohproteingehalten von 33 bis 67 % (bezogen auf die Trockensubstanz) oder auch eiweißreiche Dosenprodukte (z. B. mit Pansen). Diese Futtermittel sind nicht regelmäßig mit Mineralstoffen und Vitaminen angereichert, so daß meistens noch weitere Ergänzungsfuttermittel zur Komplettierung der Futterration notwendig werden. Bei sehr hohen Protein-, Mineralstoff- und Vitamingehalten sind auch manche Feuchtfutter zu den eiweißreichen Ergänzungsfuttermitteln zu zählen und in Kombination mit eiweißarmen Produkten vorteilhaft zu verwenden.

Mineralstoff- und vitaminreich
Viele Einzelfuttermittel weisen nicht nur Lücken im Mineralstoffangebot, sondern auch bei den Vitaminen auf. Zu ihrer Ergänzung stehen Mineralfutter, vitaminierte Mineralfutter und Vitaminpräparate zur Verfügung. Einen Überblick über die Zusammensetzung einiger im Handel üblichen Mineralfuttermittel und Vitaminpräparate liefern die Tabellen auf S. 122 und 123.

Pulverisierte oder granulierte Mischungen haben den Vorteil guter Mischbarkeit mit anderen Futtermitteln, während Tabletten meistens in andere Futtermittel »eingepackt« werden müssen, damit ihre Aufnahme gewährleistet ist. Bei allen Mineralfuttern empfiehlt sich eine gründliche Vermischung mit den übrigen Futtermitteln, da sie erfahrungsgemäß vom Hund nicht immer gern aufgenommen werden.

Die Auswahl und Dosierung der Mineralfutter richtet sich nach der Zusammensetzung der Grundfuttermittel und ihrer notwendigen Ergänzung. Bei der verbreiteten Kalzium- und Vitamin-A-Armut der wichtigsten Grundfuttermittel sind in der Regel Kalzium- und Vitamin-A-reiche, aber Phosphorarme Präparate notwendig.

Beifutter

Neben den zuvor genannten industriell hergestellten Produkten, deren Bezeichnungen eine eindeutige ernährungsphysiologische Funktion erkennen lassen, gibt es viele andere, die in

Eiweißarme Flockenfutter sind eine gute Ergänzung bei Verfütterung von Schlachtabfällen.

Zusammensetzung eiweißarmer Ergänzungsfutter (Flockenfutter) pro 100 g Frischsubstanz

		Durchschnitt[1)]	Schwankungsbreite
Feuchte	%	10	9–11
Energie, brutto	MJ	1,6	
Energie, verdauliche	MJ	1,45[2)]	
Rohfett	g	4	2–7
Rohasche	g	4,5	1–8
Rohprotein	g	10,5	10–12
Kalzium	g	0,6	0,02–2,0
Phosphor	g	0,4	0,3–0,7
Natrium	g	0,2	0,01–0,4
Vitamin A	IE	875	400–1200
Vitamin D	IE	105	60–160
Vitamin E	mg	6,5	0,2–20
Rohfaser	g	2,4	1,5–3,0

1) von 10 verschiedenen Produkten 2) 90 % Verdaulichkeit angenommen

Beifutter werden in verschiedenster Form und aus unterschiedlichem Material angeboten.

kleinen Mengen zur Belohnung, zur Erbauung oder zur Ablenkung des Hundes dienen sollen: Schokoladenriegel, Drops, Snacks, Kuchen, Biskuits und die in unterschiedlichsten Formen – als Stäbe, Spieße, Croissants, Rollen etc. – oft zu nicht geringen Preisen angeboten werden. Die Notwendigkeit ihrer Verfütterung läßt sich aus der Sicht der Tierernährung nicht begründen, selbst wenn mit hochwertigen Inhaltsstoffen (Joghurt, Käse, Vitamine, Hefe) geworben wird. Wenn überhaupt, so sollen solche Produkte 5 bis 10 % der Tagesmenge nicht überschreiten. Im übrigen sind die bei Schokolade und anderen Süßigkeiten erwähnten Punkte (s. S. 84) zu berücksichtigen.

Im Rahmen einer gesundheitsbewußten Ernährung wird vermehrt mit **Kräutermischungen** geworben (Beinwell, Brennessel, Eibisch, Feldthymian, Goldrute, Huflattich, Johanniskraut, Knoblauch, Lungenkraut, Rosmarin, Schafgarbe, Spitzwegerich u. a.). Gemische dieser Kräuter mit unterschiedlich wirkenden Stoffen und meistens ohne garantierte Wirkstoffgehalte können pauschal nicht allen Krankheiten vorbeugen und ersetzen keine sachgerechte Berechnung der Ration unter Berücksichtigung aller lebenswichtigen Nährstoffe (s. Tab. S. 89).

Knoblauchpräparate sollen auch gegen Ektoparasiten, besonders Zekken, wirken. **Gelatinehaltige Produkte**

werden zur Vorbeuge und Behandlung von Gelenkschäden sowie zur Stärkung der Sehnen, **Algenmehl, getrocknete Möhren** u. a., zur Verbesserung der Haut- und Haarpigmente angeboten. Überzeugende Prüfergebnisse stehen beim Hund noch aus, so daß gegenüber allen Werbeanzeigen eine gesunde Skepsis zu empfehlen ist. Auf die Wirkung von weiteren Spezialprodukten mit viel **Biotin** oder **Nachtkerzenöl** bei Hauterkrankungen wird auf S. 111 näher eingegangen.

Berechnung der Futterrationen

Wer die Ration selbst berechnen will, geht am besten stets nach einem bestimmten Schema vor. Dabei haben sich folgende Schritte bewährt:

a) Ermittlung des Bedarfs an Energie und Nährstoffen für den zu versorgenden Hund. Dazu stehen Daten in den Tabellen auf S. 42 und 59 zur Verfügung. Entsprechend Alter und Temperament des Hundes werden diese Bedarfszahlen modifiziert.
b) Auswahl der Futter nach Beschaffungsmöglichkeit, Nährstoffgehalt, Verträglichkeit und Akzeptanz.

Zur Vorauswahl werden die Futtermittel unterteilt in
- vorwiegend eiweißhaltige,
- vorwiegend energiehaltige,
- Futtermittel mit speziellen Nährstoffgehalten bzw. Wirkungen.

Als **überwiegend eiweißhaltige Futtermittel** können Schlachtabfälle, Fleisch, Sojaextraktionsschrot und Milchprodukte eingesetzt werden, als **energiereiche Futtermittel** Getreideflocken, Reis, Fette, Kartoffeln, Brot und eiweißarme Ergänzungsfutter (s. S. 86).

Zu den **Futtermitteln mit speziellen Gehalten** zählen Einzelmineralien, mineralstoffhaltige Einzelfuttermittel, Mineralstoffmischungen (mit und ohne Vitaminzusatz) oder auch vitaminreiche Einzelfuttermittel wie Leber, Lebertran, Hefe.

Bei der Rationsberechnung sind zunächst die energie- und eiweißhaltigen Futtermittel so zu kombinieren, daß der Bedarf an verdaulicher Energie und verdaulichem Eiweiß abgedeckt wird. Dabei bleiben die übrigen Nährstoffe zunächst unberücksichtigt.

Im Beispiel der Tabelle auf S. 90 würden etwa 65 g Rindfleisch und 70 g Reis dieser Forderung annähernd genügen. Werden nun die wichtigsten Rationskomponenten und Nährstoffe bilanziert, so zeigt sich, daß diese Mischung knapp an Rohfaser ist, vor allem aber an Kalzium (Ca/P-Verhältnis < 1!), Natrium und Zink. Für den Rohfaserausgleich können 10 g Weizenkleie dienen (aber auch 20 bis 30 g Gemüse, z. B. Möhren), für die Angleichung des Mineralstoff- und Vitamindefizits ein geeignetes vitaminiertes Mineralfutter (siehe Anhang). Trotz des großen Angebotes ist es nicht einfach, ein genau passendes Mineralfutter zu finden, doch werden, wie auf S. 45 ausgeführt, bei Spurenelementen und fettlöslichen Vitaminen Überdosierungen bis 100 % noch toleriert. Bei der Tabelle auf S. 90/91 vorgeschlagenen Ergänzung ist also der

Beispiel zur Berechnung einer Ration für einen 5 kg schweren Hund im Erhal-

	Menge (g)	verdauliche Energie (MJ)	verdauliches Rohprotein (g)	Rohfaser (g)	Kalzium (mg)
Bedarf		**1,65**	**16**	**ca. 1**	**500**
Rindfleisch, Keule	65	0,56	12	0	7
Reis, poliert	70	1,00	4	0,07	4
insgesamt	**135**	**1,56**	**16**	**0,07**	**11**
Ergänzung notwendig:				×	×
Strukturstoffe, Weizenkleie	10	0,11	1	1,1	16
vit. Mineralfutter s. Tab. S. 122 B8	5	0	0	0	480
insgesamt	**150**	**1,67**	**17**	**1,2**	**507**

Überschuß an Zink oder Vitamin A nicht alarmierend. Andererseits dürfte die Lücke beim Vitamin E, vor allem auch dank des niedrigen Fettgehaltes, noch akzeptabel sein. Falls es sich um einen älteren Hund handelt, kann durch die 1malige wöchentliche Zulage von Weizenkeimöl oder eine entsprechende Gabe von 5 g des Präparates C 21 (s. Tab. auf S. 123) die Lücke ausgefüllt werden.

Bei der Herstellung des Futters geht man so vor, daß die Grundfuttermittel (Fleisch und Reis) zunächst gekocht und dann erst die vitaminierten Mineralfutter zugesetzt werden. Weizenkleie oder Gemüsestücke können nach dem Kochen eingerührt werden, es sei denn, der Hund nimmt rohes Gemüse wie etwa Salate nicht gern auf.

Wenn das Prinzip der Rationengestaltung klar ist, gibt es unendlich viele Möglichkeiten, das täglich Menü des Hundes vielseitig, aber auch vollwertig zu gestalten. Zur Berechnung der Rationen können auch einfache Computerprogramme hilfreich sein. Nachfolgend werden nur einige Beispiele genannt, die zu weiteren Berechnungen anregen sollen.

Bei den Rationen für **kleine Hunde** können als Eiweißquellen hochwertige Fleischsorten, Ei, eventuell auch Leber, Käse oder Milch verwendet werden. Statt 10 g Ei (etwa 1/5 Hühnerei) sind 30 ml Milch oder 10 g Hüttenkäse möglich. Als energieliefernde Komponenten kommen Haferflocken, Reis, aber auch gekochte Kartoffeln in Frage. Für eine normale Kotkonsistenz wirken 5 bis 10 g Weizenkleie günstig. Falls diese nicht gern gefressen wird, sind 20 g Gemüse, zum Beispiel frische Möhren möglich. In jedem Fall ist ein vitaminiertes Mineralfutter zu ergänzen.

tungsstoffwechsel (Grundfuttermittel: Hackfleisch und Reis)

Phosphor (mg)	Natrium (mg)	Zink (mg)	Vit. A (IE)	Vit. E (mg)	Vit. B_1 (mg)	Nikotinsäure (mg)
375	**250**	**4,5**	**500**	**5**	**0,10**	**1**
98 84	46 4	2,0 0,9	33 0	0,4 0,3	0,07 0,04	3,3 0,9
182	**50**	**2,9**	**33**	**0,7**	**0,11**	**4,2**
× 110	× 5	× 0,8	× 0	× 0,2	0,07	2,0
160	485	5,2	900	3,6	0,18	1,8
452	**540**	**8,8**	**933**	**4,5**	**0,36**	**8,0**

Rationen für kleine Hunde (3 kg Körpergewicht) in g/Tag

	1	2	3	4
Rindfleisch	45	–	–	–
Hühnerfleisch	–	–	35	25
Herz, Rind	–	50	–	–
Ei, gekocht	–	–	10	–
Hüttenkäse	–	–	–	25
Haferflocken	–	40	35	15
Reis, trocken	45	–	–	–
Kartoffeln, gekocht	–	–	–	90
Schmalz/Öl	5	5	10	10
Weizenkleie	10	–	–	–
Mineralfutter	2[1]	1[2]	1[3]	3[1]
Futterkalk	0,5	0,5	0,5	

z. B. Tabelle Seite 122: [1] Nr. B 8;
[2] Nr. A 8 + 2 g Kochsalz/Woche;
[3] Nr. A 5 + 2 g Kochsalz/Woche
Für Hunde mit einem Körpergewicht von 2, 4, 5, 6 und 8 kg sind die angegebenen Futtermengen mit 0,7; 1,2; 1,5; 1,7 und 2,1 zu multiplizieren.

Rationen für mittelgroße Hunde (15 kg Körpergewicht) in g/Tag

	1	2	3	4
Pansen	–	180	–	–
Schweinemagen	240	–	–	–
Rindfleisch	–	–	150	120
Kartoffeln	–	340	–	–
Reis	110	–	–	–
Maisflocken	–	–	130	–
Ergänzungsfutter, eiweißarm	–	–	–	180
Möhren, getrocknet	20	–	–	–
Schmalz/Öl	–	40	15	16
Mineralfutter/	6[1)]	6[2)]	9[3)]	10[5)]
Vitaminpräparat			5[4)]	
Futterknochenschrot	4			

z. B. Tabelle Seite 122: [1)] Nr. B 7; [2)] Nr. A 5 + 1 g Kochsalz; [3)] Nr. A 7; [4)] Nr. C 1; [5)] Nr. B 8
Die Futtermengen für 10, 12, 14, 16 und 18 kg schwere Hunde müssen mit den Faktoren 0,74; 0,85; 0,95; 1,05 und 1,15 multipliziert werden.

Diese Mischungen werden primär nach ihrem Kalzium- und Phosphorgehalt, darüber hinaus nach ihrem Vitamin-A- und -D-Gehalt ausgewählt (s. Tab. S. 122 und 123). Sofern bei dem jeweiligen Hund besondere Gründe für eine spezifisch höhere Dosierung bestehen, z. B. erhöhter Vitamin-A-Bedarf bei älteren Tieren oder Zinkbedarf bei Hautproblemen, sind diese Nährstoffe besonders zu berücksichtigen. Bezüglich einer Unter- oder Überdosierung gilt das oben Gesagte. Für Hunde mit geringerem oder höherem Gewicht als 3 kg nimmt der Futtermengenbedarf nicht proportional zum Körpergewicht zu oder ab (s. Tab. S. 41), sondern in den in Tabelle auf S. 91 genannten Relationen.

Für **mittelgroße Hunde** werden als Eiweißquellen neben Fleisch auch wertvollere Schlachtabfälle wie Schweinemagen oder Pansen vorgeschlagen. Als Energieträger sind je nach Kostenvorstellungen Kartoffeln, Reis oder Getreideflocken einzusetzen. Diese Energieträger können etwa in folgenden Mengen gegeneinander ausgetauscht werden:

100 g Reis, poliert	=	85 g Haferflocken
	=	85 g Maisflocken
	=	90 g Nudeln
	=	100 g Flockenfutter
	=	230 g Kartoffeln, gekocht

Rationen für große Hunde (30 kg Körpergewicht) in g/Tag

	1	2	3	4
Pansen	340	–	–	–
Rindfleisch	–	–	240	–
Schweinemagen	–	430	–	175
Euter	–	–	–	175
Kartoffeln	440	–	–	–
Haferflocken	–	–	–	225
Maisflocken	–	–	230	–
Weizenkleie	–	45	–	–
Öl/Schmalz	70	55	25	–
Mineralfutter/	13[1]	25[3]	15[4]	12[4]
Vitaminpräparat	9[2]			
Kochsalz	3	–	–	1,5
Futterknochenschrot	–	4	–	–

z. B. Tabelle S. 122: [1] Nr. A 7; [2] Nr. C 6; [3] Nr. B 8; [4] Nr. A 5
Bei Hunden mit 20, 25, 35 und 40 kg Gewicht sind die Futtermengen mit 0,74; 0,87; 1,12 und 1,25 zu multiplizieren.

Andererseits besteht auch die Möglichkeit, ein industriell hergestelltes Ergänzungsfutter (s. Tab. S. 87) zu verwenden, das – sofern mineralisiert und vitaminiert – zusätzliche Mineralfutter und Vitaminpräparate überflüssig macht. Wenn die Mineralfutter nicht ausreichend vitaminiert sind, müssen sie noch mit einem vitaminreichen Präparat ergänzt werden (s. Tab. S. 122). Statt Weizenkleie oder getrockneten Möhren können auch frische Möhren (50 g) unmittelbar als kleine Zwischenmahlzeit dienen.

Die Rationen für **große Hunde** oder **Riesenrassen** unterscheiden sich in den üblichen Komponenten nicht nachhaltig. Aus Preisgründen werden neben Vormägen und Schweinemagen auch weniger wertvolle bindegewebsreiche Schlachtabfälle wie Euter, Lunge oder Milz eingesetzt. Bei richtiger Mengenzuteilung sind Abweichungen in der Kotkonsistenz unwahrscheinlich. Sollten einzelne Hunde jedoch mit einem weichbreiigen Kot reagieren, sind vor allem die weniger wertvollen Schlachtabfälle zu reduzieren oder ganz aus der Ration zu entfernen. Wer die Unbequemlichkeiten frischer Schlachtabfälle vermeiden will, kann auch auf getrocknete Produkte wie Tiermehl oder Sojaextraktionsschrot zurückgreifen, die im Landhandel erhältlich sind, und in Kombination mit den zuvor genannten Futtermitteln zur Energielieferung eine vollwertige Ration herstellen. Bei Tiermehl erübrigt sich ein kalzium- und phosphorreiches Mineralfutter. Dann sind vitaminreiche Präparate zur Ergänzung ausreichend.

Die Zweckmäßigkeit der Fütterung bei selbst hergestellten Rationen kann ähnlich wie bei Fertigfuttern (S. 56) beurteilt werden.

Jeder Hund bekommt die seiner Größe entsprechende Futtermenge zugeteilt.

Rationen für Riesenrassen (60 kg Körpergewicht) in g/Tag

	1	2	3	4
Blättermagen	–	–	500	–
Schweinemagen	–	700	–	–
Rindfleisch	160	–	–	380
Tiermehl	70	–	–	–
Leber	–	–	–	20
Sojaextraktionsschrot	40	–	–	–
Kartoffeln	–	–	–	230
Haferflocken	–	–	370	360
Ergänzungsfutter, eiweißarm	120	200	–	–
Reis	350	–	–	–
Öl/Schmalz	40	45	50	45
Mineralfutter	12[1)]	45[2)]	30[3)]	30[4)]
Kochsalz	4	–	3	5

z. B. Tabelle S. 122: [1)] Nr. B 7; [2)] Nr. B 8; [3)] Nr. A 5; [4)] Nr. A 4
Bei Hunden mit 45, 50, 70 oder 80 kg Gewicht sind die Futtermengen mit 0,80; 0,87; 1,12 oder 1,24 zu multiplizieren.

Ernährung älterer Hunde

Die Alterungsvorgänge, die sich etwa vom 7. bis 8. Lebensjahr äußerlich durch Ergrauen dunkel pigmentierter Haare besonders am Kopf ankündigen, laufen in verschiedenen Hunderassen unterschiedlich rasch ab. Im allgemeinen altern Riesen früher.

Unter den Veränderungen im Verdauungskanal älterer Hunde ist die Abnahme des Geruchs- und Geschmacksempfindens zu beachten, die evtl. zu Akzeptanzschwierigkeiten führt. Durch Zahnverluste kann die Aufnahme fester Nahrungsmittel beeinträchtigt werden. Nach Erfahrungen beim Menschen ist evtl. auch eine geringere Produktion an Verdauungsenzymen zu erwarten. Dadurch scheint die Verdauung und Absorption der meisten Nährstoffe jedoch noch nicht beeinträchtigt zu werden, da in der Regel ein Überschuß an Verdauungsenzymen vorliegt. Weiter ist zu berücksichtigen, daß mit zunehmendem Alter die Motorik des Darmrohrs nachläßt, d. h. das Risiko der Verstopfung wird größer.

Der Nährstoffbedarf älterer Hunde verändert sich zum Teil. Alte Hunde benötigen rund 20 % weniger Energie als jüngere, da die körperliche Aktivität deutlich nachläßt. Andererseits nimmt die Freßlust – außer bei der infolge abnehmender Geschmacksempfindung bedingten verminderten Futteraufnahme – nicht parallel ab. So besteht beim älteren Hund das Risiko eines Energieungleichgewichtes und die Tendenz zu vermehrtem Fettansatz.

Aufgrund der genannten Besonderheiten im Stoffwechsel sind folgende Fütterungsmaßnahmen bei älteren, noch gesunden Hunden zu empfehlen:

1. Die Futterzufuhr ist auf die untere, in der Tabelle auf S. 52 angegebene Zahl abzustimmen. Falls der Hund dabei Gewicht zulegt, ist weiter zu reduzieren.
2. Die Proteinzufuhr soll den Angaben in der Tabelle auf S. 42 entsprechen. Die verwendeten Eiweiße müssen hochwertig und hochverdaulich sein (Fleisch, Eier, Milch), so daß mikrobielle Umsetzungen im Dickdarm gering bleiben und die Leber nicht zu sehr belastet wird. Aus diesem Grund sind bindegewebsreiche Futtermittel ebenso wie Eiweiße pflanzlicher Herkunft weitgehend zu vermeiden.
3. Die Kalziumzufuhr ist entsprechend den Empfehlungen in der Tabelle auf S. 59 vorzunehmen, ein Überschuß an Phosphor oder Salz ist zu vermeiden.
4. Die Versorgung mit Zink, Vitamin A, E und wasserlöslichen Vitaminen muß auf etwa das Doppelte der Normalwerte angehoben werden, insbesondere auch während belastender Situationen (Infektionen etc.).
5. Das Futter muß ausreichend schmackhaft sein. Übergießen von Trockenfutter mit heißem

Rationsvorschläge für ältere Hunde (in g/Tag)

	Gewicht des Hundes (kg)					
	10		25		35	
	a	b	a	b	a	b
Rindfleisch	–	60	–	150	150	–
Herz; Rind	90	–	150	–	–	145
Hüttenkäse	50	–	–	–	50	70
Ei, gekocht	–	35	50	–	–	60
Ergänzungsfutter, eiweißarm	–	–	–	280	360	–
Reis	50	–	–	–	–	–
Haferflocken	40	–	–	–	–	260
Nudeln	–	110	210	–	–	–
Weizenkleie	15	15	25*	–	–	–
Schmalz/Öl	15	10	25	25	30	30
Mineralfutter	5[1)]	3,5[2)]	9[2)]	7[3)]	12[1)]	10[4)]
Futterkalk	1	1	–	–	–	3

z. B. Tabelle S. 122: [1)] Nr. B 7; [2)] Nr. A 8; [3)] Nr. B 6; [4)] Nr. B 6 + 3 g Kochsalz
* oder Luzernegrünmehl

Wasser kann die Akzeptanz erhöhen. Bei Zahnschäden oder Zahnverlust muß das Futter stark zerkleinert werden.

6. Bei Neigung zu Verstopfung ist neben ausreichender körperlicher Bewegung durch Zulage geringer Mengen an Weizenkleie, Luzernegrünmehl, eventuell auch Vollmilch für eine zügige Nahrungspassage zu sorgen.
7. Die Futtermenge ist in 2 bis 3 Mahlzeiten aufzuteilen, bei sorgfältiger Einhaltung der Fütterungszeiten. Der ältere Organismus stellt sich mehr noch als der junge strikt auf einen bestimmten Zeitplan in der Fütterung ein.

Rationsvorschläge für ältere Hunde finden sich in obiger Tabelle. Andererseits stehen auch Mischfutter der Industrie für alte Hunde zur Verfügung, die den obengenannten Forderungen nachzukommen versuchen. Durchschnittliche Gehaltsangaben sind in der folgenden Tabelle zusammengestellt:

Trockenalleinfutter für ältere Hunde (pro 100 g)

		Durchschnitt[1)]	Schwankungsbreite
Rohprotein	g	17,8	13–22
Rohfett	g	8,2	6–13
Rohfaser	g	4,8	2,5–10
Rohasche	g	6,0	5–7,5
Kalzium	g	1,2	0,7–1,6
Phosphor	g	0,8	0,6–1,0
Natrium	g	0,3	0,2–0,3
Vitamin A	IE	1640	1200–2600
Vitamin D	IE	185	100–370
Zink	mg	16	9–26

[1)] von 5 kommerziellen Mischfuttern

Fütterungsprobleme – was kann man tun?

Die meisten Hunde lassen sich unproblematisch ernähren, sofern die wichtigsten Grundsätze der bedarfsgerechten Fütterung beachtet werden. Doch ist stets die Aufmerksamkeit des Hundehalters gefordert, denn oft ist nicht leicht zu erkennen, ob der Hund ernsthaft krank oder »nur« etwas mit der Fütterung nicht in Ordnung ist.

> Beim Verdacht einer Erkrankung empfiehlt es sich, auf jede Form der Selbstbehandlung zu verzichten und einen Tierarzt zu konsultieren!

Vorsicht insbesondere bei jungen Hunden: Appetitlosigkeit, Erbrechen oder Durchfall können Anzeichen ernster Infektionserkrankungen sein! Für kranke Hunde stehen Diätfuttermittel zur Verfügung (s. Tab. S. 118), die am besten nach tierärztlicher Verordnung eingesetzt werden.

Wenn der Hund nicht frißt

Jeder Organismus pendelt im Tagesverlauf zwischen den beiden Zuständen Hunger und Sättigung. »Appetit« ist – auf einen kurzen Nenner gebracht – das Verlangen, Futter aufzunehmen. Wenn Hunde nicht fressen wollen, sind drei Ursachen in Betracht zu ziehen: Futter, Umwelt oder der Hund selbst (s. Tab. S. 98).

Gelegentlich zeigen Hunde schlagartig nachlassenden Appetit, wenn ein neuer Futtersack angebrochen wird (Chargenwechsel). Hier kann eine veränderte Rezeptur oder aber auch eine »Fehl«mischung Ursache des Problems sein. Verdorbene Futter sind meistens schon beim genaueren Hinsehen oder am Geruch erkennbar (s. S. 38). Nicht immer ist die Ursache für eine zu geringe Futteraufnahme in einem verdorbenen oder schlechten Futter zu suchen. Hunde zeigen genau wie die meisten Menschen Vorlieben oder auch Abneigungen gegen bestimmte Geschmacksrichtungen bzw. Futtermittel. Dabei sollte man sich davor hüten, menschliche Maßstäbe anzulegen: Geruch und Geschmack wirken auf Hund und Herrn keineswegs gleichartig! Hunde könnten individuell äußerst unterschiedlich reagieren, es gibt jede Variante, vom wählerischen Feinschmecker bis hin zum »Allesfresser«. Von vielen Futtermitteln ist bekannt, daß sie weniger gern aufgenommen werden: aschereiches Futter, pflanzliche Eiweiße, manchmal auch Gemüse. Eine hohe Akzeptanz besteht meist für eiweißreiche Futtermittel tierischer Herkunft (Fleisch, Innereien, z. T. auch Milchprodukte), allgemein auch für fettreiche Futtermittel, wie Rindertalg oder Schweineschmalz. Warmes Futter wird bevorzugt. Bei problematischen Tieren ist es günstiger, mehrfach täglich kleine Portionen anzubieten als eine große Futtermenge über längere Zeit stehen zu lassen. Manchmal wird neues Futter besser gefressen als das gewohnte. Dies kann man sich bei Hunden zu-

Der Hund frißt nicht

Ursache	Abhilfe
Futter	
• neue Charge	→ Geduld (2 bis 3 Tage)
• Verderb (muffig, säuerlich)	→ Futterwechsel
• zu kalt	→ erwärmen (Wasser, Milch)
Umgebung	
• zu heiß	→ Abkühlung
• Ortswechsel, Reise	→ Geduld, Hund eingewöhnen
• neue Menschen	→ Geduld, Hund eingewöhnen
• neue Hunde	→ Geduld, Hund eingewöhnen
Hund	
• Hund ist des Futters überdrüssig	→ Futter wechseln
• Wassermangel	→ überprüfen, abstellen
• Erschöpfung, Streß	→ Ruhe, abkühlen
• Läufigkeit (Hündin) oder läufige Hündin in der Nähe (Rüde)	→ abwarten
• Schmerzen (auch starker Juckreiz)	→ Tierarzt
• Mangelkrankheit	→ Tierarzt
• sonstige Erkrankungen	→ Tierarzt

nutze machen, die ihre bisherige Nahrung verweigern.

Es gibt auch umweltbedingte Ursachen dafür, daß Hunde nicht fressen, wie z. B. Ortswechsel, Tod der Bezugsperson oder die Aufnahme eines neuen Hundes in den Haushalt. Hier wird oft nur Geduld und eingehende Beschäftigung mit dem Tier weiterhelfen.

Wenn weder beim Futter noch in der Umgebung Ursachen für eine schlechte Futteraufnahme zu finden sind, sind sie beim Hund selbst zu suchen. Er muß nicht unbedingt krank sein, wenn kein Futter aufgenommen wird. So zeigen manche Hunde bei längerer Verabreichung desselben Futters abnehmende Freßlust, bis hin zur völligen Ablehnung. Während es sich bei diesem Vorgang um einen längerfristigen Prozeß handelt, kommt es eventuell aus anderen Gründen zu einer kurzfristigen Futterverweigerung, z. B. infolge Wassermangel oder starker Erschöpfung nach körperlicher Überforderung. Erst wenn die Temperaturregulation wieder funktioniert bzw. nach einer entsprechenden Ruhephase – die nach intensiver Bewegung sowieso zu empfehlen ist – wird der Hund wieder bereit sein, Futter aufzunehmen. Viele läufige Hündinnen »vergessen«, Futter aufzunehmen, was eventuell auch auf Rüden zutrifft, die eine läufige Hündin wittern. Oft geht der Liebesdrang so weit, daß Verhaltensänderungen und

Futterverweigerung über mehrere Tage anhalten.

Eine Futterverweigerung kann auch durch Erkrankungen bedingt sein. Wegen der vielen möglichen Ursachen (Infektionen, Parasiten, Vergiftungen), die meist vom Laien nicht eindeutig erkennbar sind, sollte der Rat eines Tierarztes eingeholt werden. Manchmal (z. B. bei Schluckbeschwerden oder Zahnproblemen) will der Hund zwar Nahrung aufnehmen, kann es aber nicht. In solchen Fällen ist auf jede Form der Selbstbehandlung zu verzichten. Auch starke Schmerzen oder irritierender Juckreiz sind mögliche Ursachen für eine Futterverweigerung, wobei unterschiedliche Organerkrankungen in Frage kommen. Werden Hunde über lange Zeit nur einseitig ernährt, so kann es zu einer Unterversorgung mit Nährstoffen kommen, die für die Futteraufnahme selbst von erheblicher Bedeutung sind. Eiweißmangel, Defizite an bestimmten essentiellen Aminosäuren, Zinkmangel sowie Vitamin-B-Mangel sind nachgewiesenermaßen ursächlich in Betracht zu ziehen. Hier hilft in der Regel die Umstellung der Fütterung hin zu ausgewogener, hochwertiger Nahrung, so wie dies in den vorangehenden Abschnitten beschrieben worden ist. Es kann günstig sein, besondere Leckerbissen spielerisch zu verabreichen (Fütterung von Hand), was oft zu einer gesteigerten Futteraufnahme führt.

Maulgeruch, Zahnstein

Geruch aus der Maulhöhle tritt – meistens – im Zusammenhang mit übermäßiger Zahnsteinbildung auf. Besonders unangenehm kann es werden, wenn Hunde zum Kotfressen neigen oder aber über längere Zeit unausgewogen ernährt werden, z. B. ausschließlich mit Schlachtabfällen. Dadurch scheint die Entwicklung bestimmter Bakterienarten, die eiweißverwertende Fähigkeiten haben, in der Maulhöhle gefördert zu werden. Der bakterielle Eiweißabbau führt zur Freisetzung von Stoffwechselprodukten wie schwefelhaltigen Gasen, Ammoniak oder Aminen. Bei normalem, sauberem Gebiß verbleiben nur in geringem Umfang Futterreste in der Maulhöhle. Sobald jedoch erhebliche Zubildungen an Zahnstein vorhanden sind, bieten sich den Bakterien zahlreiche Ansiedlungsnischen, was dann zu einer Art Teufelskreis führt.

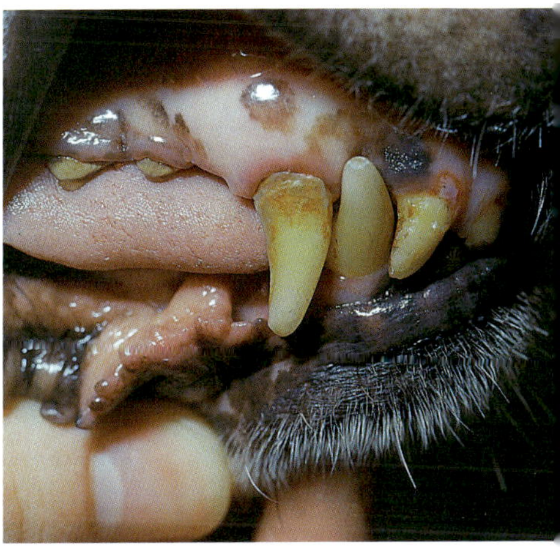

Zahnstein ist bei Hunden ein häufiges Problem.

Zahnstein bildet sich aus klebrigen Futterresten, in die sich Mineralien einlagern. Begünstigend wirkt vermutlich die ausschließliche Verabreichung weicher Futtermittel, die ohne

Kauknochen sollen die Zähne von Weichfutterresten reinigen und dadurch der Zahnsteinbildung vorbeugen.

viel Kauen abgeschluckt werden. Wenn Zahnbeläge erkennbar sind, muß zunächst das Gebiß kontrolliert und saniert werden. Zur Verhinderung einer Zahnsteinneubildung empfiehlt sich die regelmäßige Zahnpflege, entweder durch Bürsten und/oder durch die Verabreichung härterer, kaufähiger Futtermittel. So kann der gesunde Hund beispielsweise in kleinen Mengen Kalbs- oder Büffelhautknochen erhalten. Neuerdings sind auch Spezialdiäten mit faseriger, bürstenartiger Struktur und besonders gestalteter Kaufläche auf dem Markt, wodurch eine vorbeugende Wirkung gegen Zahnstein erreicht werden soll. Spezielle Kauspielzeuge aus geflochtenen Baumwollfäden können bei einigen Tieren ebenfalls mit Erfolg eingesetzt werden, zumal durch die spielerische Beschäftigung eine erheblich verstärkte Speichelbildung und dadurch bedingte Auswaschung der Maulhöhle eintritt. Diese hygienischen Maßnahmen sind medizinisch sinnvoller als die alleinige Verabreichung von Präparaten zur Unterdrückung der Geruchsbildung (z. B. Chlorophylltabletten).

Kot- und Grasfressen

Viele Hunde nehmen gelegentlich oder sogar regelmäßig Kot (von Pferden, Rindern, Schafen, Katzen oder auch Hunden) auf, wenn sie Gelegenheit dazu haben. Dabei kann es sich um Spielerei handeln, häufig wird allerdings auch ein Nährstoffmangel (Energie, B-Vitamine, Eiweiß) vermutet, wofür sich allerdings bislang keine überzeugenden Beweise finden lassen. Selbst bei ausgewogener Fütterung wird man ein entsprechendes Verhalten beobachten können. Schlittenhunde fressen in Zeiten stärkster Arbeitsbelastung manchmal ihren eigenen Kot, wobei ein akuter Energiemangel zugrunde liegen kann. Krankheitsbedingtes Kotfressen kann insbesondere bei Schäferhunden auftreten, wenn die Funktion der Bauchspeicheldrüse gestört ist. Ein Risiko entsteht durch die Aufnahme von Kot anderer Hunde durch eine mögliche Belastung mit Parasiten oder Krankheitserregern, so daß man dies, soweit möglich, verhindern sollte. Die bei fast allen Hunden zu beobachtende gelegentliche Aufnahme von Rinder-, Pferde- oder Schafkot erscheint dagegen unproblematisch.

Für das häufig zu beobachtende Grasfressen läßt sich keine eindeutige Begründung geben. Eine ungenügende Nährstoffversorgung erscheint als Ursache unwahrscheinlich, da auch ausgewogen gefütterte Tiere entsprechende Verhaltensweisen zeigen. Es liegen sogar Beobachtungen vor, daß Hunde trotz Verabreichung hochwertiger Futtermischungen gruppenweise ein entsprechendes Verhalten zeigen. In Untersuchungen ließ sich kein Zusammenhang zwischen der Grasaufnahme und dem Rohfaserangebot im Futter finden. Der oft vermutete Zusammenhang zwischen der Grasaufnahme und einem dadurch ausgelösten Brechreiz ist allenfalls teilweise zu bestätigen. Viele Hunde zeigen dieses Verhalten, ohne daß sie erbrechen. Da im allgemeinen keine nachteiligen Konsequenzen zu erwarten sind, sollte man das Grasfressen tolerieren.

Erbrechen

Als Erbrechen wird das Auswürgen von Mageninhalt bezeichnet. Vom Erbrechen zu unterscheiden ist das Auswürgen von Futter, bevor es den Magen erreichen konnte. Dies tritt gelegentlich als Folge von Schluckbe-

Der Hund erbricht oder würgt Futter aus

Ursache	**Abhilfe**
Futter/Fütterung	
• stark quellendes Futter	→ längeres Einweichen
• zu kaltes Futter	→ erwärmen
• spitze/scharfe Partikel	→ Futterwechsel
• Verderb (besonders toxinbildende Bakterien)	→ Futterwechsel
Hund	
• Schluckstörungen	→ Tierarzt
• Magen/Darmerkrankungen	→ Tierarzt
• Allgemeininfektionen	→ Tierarzt

schwerden und dann meist direkt im zeitlichen Zusammenhang mit der Nahrungsaufnahme auf. Das Erbrochene erinnert an das Futter, die Konsistenz ist jedoch flüssig und der Geruch deutlich sauer. Oft finden sich Beimengungen von Galle, die gelblich-schleimig aussieht. Wenn erhebliche Gallebeimischungen sowie wiederholtes Erbrechen auftreten, sollte das Tier einem Tierarzt vorgestellt werden, da möglicherweise ein Passagehindernis im Magen oder Darm vorliegt.

Ursachen können einmal in der Fütterungstechnik zu suchen sein, z. B. wenn Flockenfutter in zu großen Mengen nicht oder nicht ausreichend eingeweicht wurde und im Magen stark quillt oder wenn das Futter zu kalt (direkt aus dem Kühlschrank) verabreicht wird. Gelegentlich führen auch hastig aufgenommene grobe Knochenstücke bzw. spitze oder scharfe Futterpartikel zu entsprechenden Symptomen. Erbrechen kann insbesondere dann ein sinnvoller **Schutzmechanismus** sein, wenn verdorbenes Futter bzw. Abfälle aufgenommen werden, die mikrobiell gebildete Gifte oder aber krankmachende Bakterien enthalten. Bei verschiedenen Erkrankungen treten Auswürgen bzw. Erbrechen auf, die unbedingt tierärztlich abgeklärt werden müssen, da ihnen Schluckstörungen, Magen-Darm-Erkrankungen oder auch Infektionen zugrunde liegen können. Während bei »unkompliziertem« Erbrechen am besten die Nahrung für etwa bis 2 Tage entzogen wird, wobei Trinkwasser immer – am besten mit etwas Salz – anzubieten ist, verbietet sich bei einer Krankheit jede Form der Selbstbehandlung.

Magenblähung und Magendrehung

Besonders bei einigen großwüchsigen Hunderassen, aber auch bei Chow Chows, Eurasiern oder nordischen Rassen kann der Magen krankhaft aufgasen. Bei vermehrter Gasbildung dehnt er sich zunächst aus, kann dann aber auch seine Lage verändern.

Durch eine Drehbewegung können Mageneingang und -ausgang verlegt werden, so daß gebildetes Gas nicht mehr entweichen kann.

Das Krankheitsbild ist akut und durch eine Auftreibung des Leibesumfangs, Kreislaufschwäche und Schmerzäußerungen gekennzeichnet. Bei Verdacht auf Magendrehung muß **sofort** der Tierarzt aufgesucht werden! Die Ursachen sind bis heute nicht eindeutig bekannt, vermutlich treffen mehrere ungünstige Faktoren zusammen. Es scheint so, daß nicht nur bestimmte Rassen besonders veranlagt sind, sondern auch Futterzusammensetzung, Fütterungstechnik sowie individuelle Faktoren Einfluß haben.

Zur Vorbeuge empfiehlt es sich, Futter und Fütterungstechnik so zu gestalten, daß die Belastung des empfindlichen Magens möglichst minimiert wird. Das Futter muß hygienisch einwandfrei sein, darauf sollte insbesondere in der wärmeren Jahreszeit geachtet werden. Fettreiche Futtermischungen sind vermutlich grundsätzlich günstiger als kohlenhydratreiche, da Fett weniger mikrobiell abgebaut werden kann und z. T. sogar hemmende Wirkungen auf die mikrobielle

Faktoren, die eine Magenblähung bzw. -drehung beim Hund begünstigen
Futter • hoher Keimgehalt • leicht vergärbare Inhaltsstoffe • hohe Aschegehalte mit starker Pufferwirkung
Fütterungstechnik • unregelmäßige Fütterungszeiten • zu große Futtermengen je Mahlzeit • zu hohe Näpfe • längeres Stehenlassen von eingeweichtem Futter (Verderb) • Aufregung und Anstrengungen vor und nach der Fütterung
Individuelle Faktoren • hastige Futteraufnahme • Luftschlucken • geringe Magensaftsekretion • verzögerte Magenentleerung • Veranlagung (Rassen, evtl. Linien)

Gasbildung ausübt. Weiterhin sollte das Futter nicht unnötig viel Kalzium enthalten, da Kalziumsalze meist stark puffernd wirken und dadurch die Ansäuerung des Mageninhaltes verzögern. Eine verminderte Ansäuerung begünstigt wiederum das Wachstum von Mikroorganismen und leistet damit der Gasbildung Vorschub. Nicht zuletzt kann bei Einwirkung der Magensäure auf Kalziumkarbonat (Futterkalk) gasförmiges Kohlendioxid entstehen.

Zur Vorbeuge sollten insbesondere großwüchsige Hunderassen mehrmals täglich (mindestens 2, besser 3 bis 4) kleine Mahlzeiten erhalten. Aufregung und Streßsituationen – z. B. Konkurrenzsituation bei gemeinsamer Fütterung mehrerer Hunde – sollten sowohl unmittelbar vor, aber auch direkt nach der Fütterung strikt vermieden werden.

Darmblähungen

Darmbakterien bilden Gas, das ist völlig normal. Lästig wird dieser Umstand dann, wenn es zu einer übermäßigen Ausscheidung von Gas aus dem Dickdarm kommt. Beim Menschen werden täglich bis zu 1,5 l abgegeben, und auch beim Hund sind die Mengen beträchtlich.

Die Darmgasbildung wird durch das Futter bestimmt, doch längst nicht alle Hunde reagieren gleich. Ein kleineres Tier kann innerhalb der ersten Stunden nach der Fütterung mehr als 50 ml Gas über den Dickdarm ausscheiden. Dies wird den Hund selbst vermutlich nicht weiter belästigen, erschwert jedoch dem Besitzer das Zusammenleben mit seinem Haustier manchmal ganz erheblich.

Fragt man nach den zugrunde liegenden Ursachen, so sind wiederum fütterungsbedingte von individuellen Faktoren zu unterscheiden. Bakterien des Dickdarms bauen einen großen Teil der noch nicht im Dünndarm aufgesaugten Nährstoffe ab, dabei entstehen u. a. auch Gase, hauptsächlich Kohlendioxid und Wasserstoff. Nur in Spuren kommen die besonders unangenehm riechenden Substanzen Schwefelwasserstoff, Merkaptane und auch Ammoniak vor.

Manche Hunde scheinen für die bakteriellen Gärungsprozesse im Dickdarm besonders anfällig zu sein, sei es durch zu schnelle oder zu langsame Passage der Nahrung durch den Darm, eine ungenügende Verdauung von Nahrungsbestandteilen im Dünndarm oder eine besonders hohe Zahl eiweißverwertender Mikroorganismen im Dünn- und Dickdarm.

Jeder Hundehalter, der einen entsprechend veranlagten Hund besitzt, wird seine eigenen Erfahrungen machen, welche Futtermittel besser oder weniger gut verträglich sind. In manchen Fällen sind auch Fertigdiäten hilfreich, die aus besonders hochwertigen Komponenten zusammengesetzt sind; Vorschläge finden sich in Tabelle S. 105.

Grundsätzlich ist bei entsprechend veranlagten Hunden davon abzuraten, geringer verdauliche Futtermittel einzusetzen. Als Kohlenhydratquelle kommt nur aufgeschlossene Stärke in Betracht, wie gekochter Reis oder auch Nudeln. Eiweiß sollte bedarfsdeckend, aber auf keinen Fall in zu hohen Mengen zugeführt werden. Bohnen, Sojaprodukte und sonstige Hülsenfrüchte ebenso wie bindegewebsreiche Futtermittel sind in diesen Fällen kritisch, da sie neben der ungünstigeren Eiweißqualität noch Kohlenhydrate enthalten, die durch die körpereigenen Verdauungsvorgänge im Dünndarm nicht angreifbar sind und dann erst im Dickdarm durch die Mikroben zerlegt werden. Günstig ist es, einen möglichst hohen Fettanteil in der Ration vorzusehen, da Fett die

Darmblähungen

Ursache	**Abhilfe**
Futter	
• schlecht verdauliches Futter	→ Futterwechsel
• einseitige Ernährung (eiweißreich, zu hoher oder zu geringer Fasergehalt)	→ Futterwechsel
• hoher Leguminosenanteil	→ Verzicht auf Sojaprodukte, Bohnen, Erbsen
Hund	
• Darmträgheit	→ abführendes Futter
• zu schnelle Passage	→ faserärmeres Futter
• Mangel an Verdauungsenzymen	→ hochaufgeschlossenes Futter
• übermäßige bakterielle Besiedelung des Dünn- und Dickdarms	→ Tierarzt

Fütterungsvorschläge für Hunde mit verstärkter Darmgasbildung			
Besser vermeiden: Leguminosen (Sojaschrot, Bohnen, Erbsen), bindegewebsreiche Schlachtabfälle (Milz, Lunge, Sehnen), laktosereiche Produkte (Milch, Quark), nicht aufgeschlossene Getreidekörner (»Vollwertkost«), Haferflocken, Weizenkleie, bestimmte Fertigfutter			
Verwenden von: Ei, Hüttenkäse, Fleisch, evtl. Fisch, Reis, Nudeln, Kartoffeln, Fett (sehr günstig scheint Rinder- oder Hammeltalg zu sein), hochverdaulichen Spezialdiäten			
Weitere Empfehlungen: Ausgewogenheit der Ration beachten, keine einseitige Fütterung, individuelle Anpassung			
Beispiel: Rationen für 10 kg schwere Hunde			
Vorschlag I	**(g/Tag)**	**Vorschlag II**	**(g/Tag)**
Ei gekocht	25	Rindfleisch	130
Hühnerfleisch	75	Kartoffeln	130
Hüttenkäse	50		
Reis, ungeschält	69	Zellulose	16
Rindertalg	25	Rindertalg	41
Mineralfutter (mit 20 % Kalzium)	6	Mineralfutter (mit 20 % Kalzium)	8

mikrobielle Gasbildung dämpfen kann. Von den verschiedenen Futterfetten ist insbesondere Rindertalg geeignet, während pflanzliche Öle bereits überwiegend im Dünndarm absorbiert werden und daher keine Wirkungen in den hinteren Darmabschnitten entfalten können.

Der Hund mit vermehrter Flatulenzgasbildung sollte mit einer Mindestmenge an Rohfaser (z. B. über gekochte Möhren oder geriebenen Apfel) versorgt werden, insbesondere um den Durchfluß des Nahrungsbreies durch den Darm zu regulieren. Da die rohfaserreichen Futterkomponenten aber auch wiederum als Ausgangsmaterial für die Bildung von Darmgas dienen können, sollte hier ausprobiert werden, was dem Hund am besten bekommt. Inwiefern handelsübliche Fertigfutter einsetzbar sind, muß individuell versucht werden, allerdings reagieren entsprechend veranlagte Hunde auf manche Produkte mit starker Flatulenzgasbildung. Manchmal hilft ein Wechsel des Futtertyps, etwa von Feuchtalleinfutter auf Trockenalleinfutter.

Weicher Kot

Der Kot sollte normalerweise fest geformt sein. Bestimmt wird seine Beschaffenheit durch den Wassergehalt

Ursachen für weichen Kot	
Ursache	**Abhilfe**
Futter	
• neue Charge/neues Futter	→ Geduld (2–3 Tage)
• einseitige Ernährung, z. B. nur Schlachtabfälle, zu hohe Mengen an Milchprodukten	→ Futterwechsel
• geringe Verdaulichkeit	→ Futterwechsel
• Verderb (muffig, säuerlich)	→ Futterwechsel
Umgebung	
• Streß	→ für Ruhe sorgen
Hund	
• Rassenveranlagung (besonders großwüchsige Rassen!)	→ optimales Futter durch Probieren herausfinden
• individuelle Veranlagung	→ s. o.
• Erkrankungen, Parasiten	→ Tierarzt

sowie die physikalische bzw. chemische Bindung des Wassers durch unverdaute organische Bestandteile, z. B. pflanzliche Fasern. Normalerweise schwankt der Wassergehalt im Kot zwischen 60 und 70 %, wobei der überwiegende Anteil nicht frei, sondern in gebundener Form vorliegt. Für die Entstehung eines weichen Kotes sind verschiedene Ursachen verantwortlich.

Insbesondere beim Futterwechsel kann es zu einer unerwünschten Kotveränderung kommen. Sie kann sich innerhalb kurzer Zeit wieder normalisieren, wenn sich der Darmkanal und insbesondere die Darmbakterien auf das veränderte Nährstoffangebot eingestellt haben. Bleibt eine unangenehm weiche Beschaffenheit des Kotes auch über einen längeren Zeitraum nach einem Futterwechsel bestehen, so ist das aktuell angebotene Futter für das Tier ungeeignet. Derartige Unverträglichkeiten sind für manche Futterarten fast typisch. So werden eiweißreiche, überwiegend auf Zutaten tierischer Herkunft basierende Feuchtfutter nicht von allen Hunden problemlos vertragen. Hier kann ein Wechsel auf ein Trockenalleinfutter oft überraschend schnell zu einer Normalisierung der Verdauungsfunktionen führen. Eine – bei einseitiger Fütterung – nachteilige Wirkung auf die Kotbeschaffenheit üben bindegewebsreiche Schlachtabfälle (Euter, Lunge, Milz), aber auch Bohnen oder Sojaschrot aus. Zu hohe Mengen an Kohlenhydraten können gleichfalls zu Fehlgärungen im Dickdarm und zu einer verminderten Festigkeit des Kotes führen. Milch und Quark, aber auch schlecht aufgeschlossene Stärkearten, die im Dünndarm nur unzureichend zerlegt und absorbiert werden, sollten daher nicht in höheren Mengen an Hunde gefüttert werden.

Fütterungsvorschläge für Hunde mit weichem Kot
Besser vermeiden: Leguminosen (Sojaschrot, Bohnen, Erbsen), bindegewebsreiche Schlachtabfälle (Milz, Lunge, Sehnen), laktosereiche Produkte (Milch), Feuchtalleinfutter mit hohen Eiweiß- und gleichzeitig geringen Rohfasergehalten, abrupte Futterwechsel
Verwenden von: Ei, Hüttenkäse, Fleisch, evtl. Fisch, Reis, Nudeln, Haferflocken, hochverdaulichen Spezialdiäten, »Ballaststoffen« wie Weizenkleie oder auch Trockenmöhren (1 bis 2 g/kg Körpergewicht und Tag), hochwertigem Trockenalleinfutter

Bekanntermaßen verträgt nicht jeder Hund dasselbe Futter gleich gut. Rasseunterschiede scheinen dabei eine große Rolle zu spielen. Der große Hund hat einen – relativ zu seinem Eigengewicht – weniger großen Darmkanal, daraus resultiert möglicherweise eine geringere Verdauungskapazität. Natürlich zeigen auch Vertreter der kleinen Hunderassen gelegentlich eine unerwünschte Erweichung der Kotbeschaffenheit, nach vorliegenden Beobachtungen besonders die lebhaften und temperamentvollen Tiere.

Durchfall

Diesem Krankheitsbild können zahlreiche Ursachen zugrunde liegen, die oft erst durch eine exakte tierärztliche Untersuchung abgeklärt werden können. Durchfallerkrankungen können innerhalb kurzer Zeit zum Tode führen, wenn Welpen bzw. Junghunde betroffen sind, da diese die erheblichen Wasserverluste nicht lange ertragen können (s. Abb. S. 108). Sicheres Anzeichen eines bereits fortgeschrittenen Austrocknungsprozesses ist neben der allgemeinen Apathie und eventuell vorhandener Untertemperatur die Beobachtung, daß aufgezogene Hautfalten nicht wieder sofort verstreichen, sondern über lange Zeit sichtbar bestehen bleiben.

> Durchfall ist – besonders bei Jungtieren – ein **ernstzunehmendes** Krankheitssymptom! Definitionsgemäß handelt es sich um den häufigen Absatz von ungeformtem, dünnem Kot.

Durchfall betrifft Hunde sämtlicher Altersstufen. Die zugrunde liegende Störung kann sowohl vom Dünn- als auch vom Dickdarm ausgehen. Je nach Schweregrad und Art der Gewebsbeeinträchtigung sieht der abgesetzte Kot wäßrig, schleimig oder sogar blutig aus.

Aus Sicht der Ernährung lösen dieselben Ursachen, die für die Entstehung von unerwünscht weichem Kot genannt wurden (s. S. 106), auch Durchfall aus: plötzlicher Futterwechsel, einseitige Fütterung, Verderb. Das Futter kann bestimmte Bakterien enthalten, die auch als Lebensmittelver-

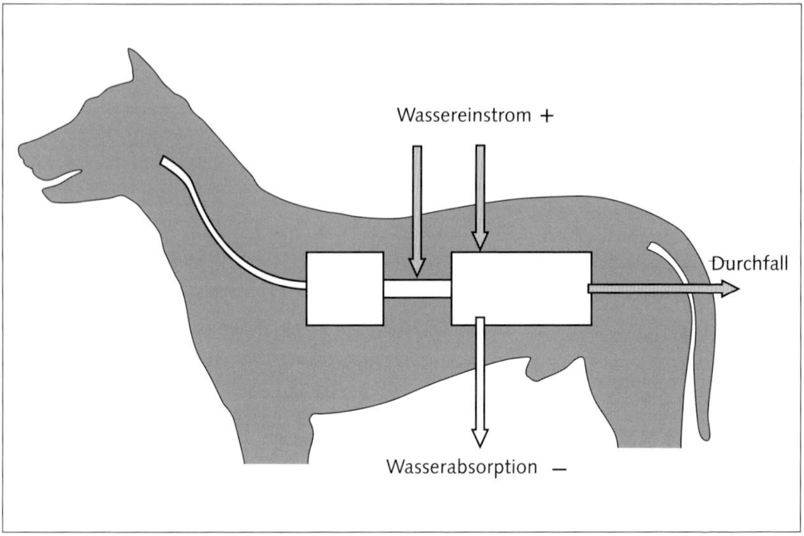

Bei Durchfall geht Flüssigkeit verloren, weil entweder die Wasserabsorption im Darm gestört ist oder die Darmzellen sehr viel Wasser ausscheiden.

gifter eine Rolle spielen. Manche Stoffwechselprodukte von Bakterien führen zu einem starken Wassereinstrom in den Darm oder sie verhindern, daß Wasser aus dem Darminneren absorbiert wird. Neben Durchfall tritt häufig auch gleichzeitig Erbrechen auf. Auch Vergiftungen können in seltenen Fällen zu Durchfall führen, so durch Thallium, Blei, Arsen oder Insektenbekämpfungsmittel. Urlaub, Ortswechsel oder sonstige Veränderungen im Umfeld des Hundes können bei empfindlichen Tieren ebenfalls Durchfall auslösen.

In den letzten Jahren ist vermehrt darüber berichtet worden, daß Hunde im Sinne einer Allergisierung auf bestimmte Eiweiße oder evtl. auch andere Stoffe aus dem Futter mit Durchfall reagieren. Auch gibt es Wechselwirkungen zwischen Nahrungseiweiß und Darmbakterien in dem Sinne, daß ein prinzipiell einwandfreies Futter erst im Organismus durch bakteriellen Umbau und die dabei entstehenden Produkte unverträglich »gemacht« wird. Aufgrund der häufigen Verwendung von Rindfleisch, Sojaeiweiß oder auch Milch und Eiprotein besteht die Möglichkeit, daß ein Tier im Laufe seines Lebens gegen diese Stoffe allergisch wird. Ist der Auslöser – das Allergen – erkannt (was einen langwierigen und streng kontrollierten Fütterungsversuch voraussetzt), muß in Zukunft dafür gesorgt werden, daß eine Aufnahme konsequent vermieden wird. Es kann für den Rest des Hundelebens bedeuten, auf Fertigfutter vollständig zu verzichten und individuelle Eigenmischungen aus

Ursachen für Durchfall	
Ursache	**Abhilfe**
Futter	
• zu schnelle Futterumstellung	→ langsame Gewöhnung
• einseitige Ernährung, z.B. nur Schlachtabfälle, evtl. gleichzeitig geringe Verdaulichkeit	→ Futterwechsel
• hemmende Inhaltsstoffe, z.B. in rohem Eiklar	→ Futterwechsel
• Verderb (muffig, säuerlich)	→ Futterwechsel
• Belastung mit Toxinen (besondere Mikroorganismen)	→ Tierarzt, Futterwechsel
• Vergiftungen (auch nicht fütterungsbedingte)	→ Tierarzt
Umgebung	
• hochgradiger Streß (Ortswechsel, Urlaub)	→ für Ruhe sorgen
Hund	
• Allergie	→ Tierarzt
• individuelle Veranlagung (»Verdauungsschwäche«)	→ Tierarzt
• Organerkrankungen	→ Tierarzt
• Parasiten, Infektionen	→ Tierarzt

verträglichen Komponenten herzustellen.

Erkrankungen mit Durchfall als Symptom können durch Infektionen mit Viren, Bakterien und Parasiten ausgelöst werden. Manchmal liegen auch Fehlfunktionen von Organen vor, z.B. von Leber oder Bauchspeicheldrüse. Während Lebererkrankungen zu einer vermehrten Fettausscheidung mit dem Kot führen können, betrifft eine Erkrankung der Bauchspeicheldrüse zahlreiche weitere Verdauungsvorgänge.

Bei Hunden, die auffallend große Kotmengen absetzen und die trotz Heißhungers abmagern, kann eine verminderte Funktion der Bauchspeicheldrüse zugrunde liegen.

Dieses Krankheitsbild ist häufiger beim Deutschen Schäferhund zu beobachten, grundsätzlich können aber alle Rassen betroffen sein. Diese Tiere können durchaus mit Hilfe hochverdaulicher Spezialdiäten (s. Tab. S. 118) oder eines auf enzymatischem Weg vorverdauten Futters weitgehend problemlos ernährt werden.

Verstopfung

Als Verstopfung wird die Bildung von hartem, trockenem Kot bezeichnet, der nicht oder nur unter großer Anstrengung abzusetzen ist.

Normalerweise wird ein Hund einmal am Tag Kot absetzen, wobei individuelle Unterschiede bestehen. Wird kein Kot mehr abgesetzt bzw. zeigt das Tier erkennbare Anstrengung, dann sollte schnell gehandelt werden. Es gibt Extremfälle, bei denen nur ein rascher tierärztlicher Eingriff helfen kann. Einige Hunde entwickeln eine Neigung zu derartigen Verdauungsstörungen. Im Alter kommt es ebenfalls häufiger zu Verstopfung, da die Darmperistaltik nachläßt.

Als kritische Futtermittel sind zunächst Knochen zu nennen, dann aber auch Futterrationen mit sehr hohem Gehalt verholzter pflanzlicher Fasern. Durch mechanische Reizung der Darmwand kann es dadurch zu inneren Verletzungen und Blutungen kommen. Oft nehmen Hunde Stoffe wie Stroh, Haare oder auch Holz spielerisch und unbemerkt vom Besitzer auf, so daß man auf jeden Fall den Auslauf des Tieres überprüfen sollte.

Liegt bei einem Hund eine Veranlagung zu Verstopfung vor, so sollte zunächst geklärt werden, ob es sich um die Folge einer Grunderkrankung handelt, wie übermäßiges Wachstum der Prostata bei Rüden, Gewebezubildungen im Becken oder Nervenerkrankungen. Bei unkomplizierten Fällen kann durch Gabe von Futtermitteln mit abführender Wirkung eine Besserung des Zustandes erreicht werden. Ein Mindestmaß an Bewegung, am besten Spaziergänge und ausreichende Möglichkeit zur spielerischen Betätigung wirken gleichfalls unterstützend, da die Darmmotorik dadurch angeregt wird.

Ursachen für Verstopfung

Ursache	Abhilfe
Futter	
• stopfende Futtermittel wie Knochen, Stroh, faserreiche pflanzliche Produkte	→ Futterumstellung
• Ration mit zu geringem (< 0,5 % der Trockensubstanz) bzw. zu hohem Rohfasergehalt (> 15 % der Trockensubstanz, kritisch besonders verholzte Pflanzenteile)	→ Futterumstellung
Umgebung	
• unkontrollierte Aufnahme von Holz, altem Gras, Stroh u. a.	→ Auslauf überwachen
Hund	
• Erkrankungen (Prostata, Nerven, Tumore)	→ Tierarzt
• höheres Alter	→ Tierarzt

Fütterungsvorschläge für Hunde mit Verstopfung
Besser vermeiden: Knochen, zu rohfaserreiche Futtermischungen
Verwenden von: frischer Leber (vom Rind, 1 bis 2 g/kg Körpergewicht/Tag), Milch (20 ml/kg Körpergewicht/Tag) oder Milchzucker (ca. 2 g/kg Körpergewicht/Tag), evtl. einer Ration auf der Basis von Leguminosen (Sojaschrot) oder bindegewebsreicheren Schlachtabfällen (Milz, Lunge), Weizenkleie oder auch Trockenmöhren (1 bis 2 g/kg Körpergewicht/Tag), evtl. auch Pflaumen

Erkrankungen von Fell und Haut

Auch Hauterkrankungen können – müssen aber nicht – fütterungsbedingt sein. Als weitere Ursachen sind insbesondere Parasitosen (Flöhe, Milben), aber auch Infektionen mit Bakterien und Pilzen oder hormonelle Störungen anzuführen.

Liegt eine fütterungsbedingte Ursache vor, so dürfte es sich in den allermeisten Fällen nicht um den Mangel eines einzelnen Nährstoffs, sondern um eine generelle, bereits seit längerer Zeit bestehende Fehlernährung handeln.

Ein erheblicher Teil der täglich aufgenommenen Nährstoffe wird vom Hund für die ständige Bildung und das Wachstum von Haaren und Haut benötigt. Besonders trifft dies auf Eiweiß, aber auch auf einige Spurenelemente wie Zink, Kupfer oder auch Jod und Eisen zu.

Wenn die Versorgung mit notwendigen Nährstoffen nicht optimal ist, erscheinen die Haare glanzlos und struppig, die Haut zeigt vermehrte Schuppenbildung, oder es wird zuviel Talg abgesondert, so daß unter Umständen der ganze Hund unangenehm-ranzig riecht. Normalerweise haben Hunde in Mitteleuropa einen zweiphasigen Haarwechsel, und zwar im Frühjahr und im Herbst. Gerade in diesen Zeiten ist die Versorgung mit allen notwendigen Nährstoffen sicherzustellen.

Eiweißmangel bzw. Mangel an bestimmten, essentiellen Aminosäuren kann zu nachlassendem Haarwuchs, Haarbruch, Pigmentdefekten oder auch zu vermehrter Schuppenbildung führen. Bei Zufütterung höherer Fettmengen – oft gerade in der guten Absicht, den Fellglanz zu verbessern – sollte daran gedacht werden, daß Fett zwar prinzipiell ein sehr guter Lieferant von Energie und auch essentiellen Fettsäuren ist, daß aber parallel auch die Proteinversorgung entsprechend anzuheben ist, wenn in der Gesamtration nur knappe Eiweißgehalte vorliegen. Gelegentlich kann auch eine zu geringe Fettversorgung zu Hautproblemen führen, insbesondere dann, wenn nur wenig Linolsäure im Futter enthalten ist. Bei etwa 5 % Rohfett in einem Trockenalleinfutter bzw. mindestens 1 % in einem Feuchtalleinfutter sollte normalerweise der Bedarf an essentiellen Fettsäuren gedeckt sein.

Spurenelemente haben für den Stoffwechsel der Haut erhebliche Bedeutung, insbesondere Zink, Kupfer, Eisen und Jod. Der wachsende Hund mit seinem höheren Bedarf kann hier eher in Mangelsituationen geraten. Zinkmangel führt zu geschwürigen Hautentzündungen (s. Abb. S. 64), teilweise werden Verhärtungen und Aufreißen der Ballen beobachtet. In bestimmten Rassen haben einzelne Tiere eine genetische Störung im Zinkstoffwechsel, so z. B. Bull Terrier, möglicherweise auch Siberian Huskies.

Selbst bei optimierter Nährstoffversorgung können Haut- oder Fellprobleme auftreten, wenn allergische Reaktionen des Organismus auf Inhaltsstoffe des Futters vorliegen.

In einem Teil der Fälle sind Umwelteinflüsse bzw. Allgemeinerkrankungen für Störungen an der Haut verantwortlich zu machen. Manche Hunde reagieren beispielsweise auf Pollen oder Gräser mit einem Hautausschlag, der dann nur zu bestimmten Jahreszeiten auftritt.

Einige Hauterkrankungen beruhen auf einer Überempfindlichkeit gegen-

Ursachen für Hauterkrankungen[1)]

Ursache	Abhilfe
Futter	
• allgemeine Mangel-/Fehlernährung	→ Futterumstellung
• *Mangel* bestimmter Nährstoffe: Protein, essentielle Fettsäuren, Zink, Eisen, Kupfer, Jod, Vitamine	→ Futterumstellung
• einseitiger *Überschuß* bestimmter Nährstoffe: z. B. Kalzium: dadurch geringere Absorption von Zink oder Kupfer	→ Futterumstellung
Hund	
• genetische Veranlagung (Huskies, Bull Terrier)	→ züchterisch, Optimierung von Haltung und Fütterung
• Allergie bzw. Überempfindlichkeit	→ Tierarzt
• erhebliches Übergewicht (Hautfaltenbildung)	→ Tierarzt, Gewichtsreduktion
• Infektionen, Parasiten, Hormonstörungen	→ Tierarzt

[1)] grundsätzlich empfielt sich die Konsultation eines Tierarztes, besonders, wenn das Problem länger besteht

über bestimmten Nahrungsbestandteilen, so daß Juckreiz oder Entzündungen der Haut auch nach Aufnahme eines ausgewogenen Futters zu beobachten sind.

Werden intakte Bruchstücke des Nahrungsproteins über die Darmwand aufgenommen, so kann sich daraus eine Sensibilisierung entwickeln, die sich in manchen Fällen auf den Darm beschränkt, evtl. aber den ganzen Organismus betrifft, und dort bevorzugt die Haut (s. S. 108). Leider sind die Symptome wenig charakteristisch; es können Juckreiz, Hautrötung, Schuppenbildung oder Geschwüre auftreten. Nicht zuletzt kann durch erhebliches Übergewicht eine Hauterkrankung entstehen, insbesondere, wenn sich an einigen Körperstellen Hautfalten bilden, zwischen denen sich Bakterien in einer Art »ökologischer Nische« ansiedeln. Hier ist, genau wie bei den weiteren Ursachen, die einer Hauterkrankung zugrunde liegen können, eine exakte tierärztliche Untersuchung angezeigt.

Abgesehen von diesen Problemfällen wird sich in der Praxis oft die Frage stellen, wie man einem Hund in besonderen Streßsituationen oder auch vor Ausstellungen zu einer »Topkondition« verhelfen kann. Sichere Rezepte gibt es dazu – entgegen allen Versprechungen in einschlägigen Werbeannoncen – nicht! Ausgewogenes Futter, optimale Eiweißqualität und bedarfsdeckende Spurenelement- bzw. Vitaminversorgung sind und bleiben die besten Voraussetzungen. Häufig genug ist nichts von dem, was versprochen wird, wissenschaftlich untersucht oder gar bewiesen. Das heißt natürlich nicht, daß grundsätzlich alles, was angeboten wird, abzulehnen ist. So kann in Einzelfällen eine Zufütterung von Biotin oder von bestimmten Fetten (z.B. Fischöl) durchaus hilfreich zur Behandlung von Hautproblemen sein, aber eben längst nicht bei allen. Auch Naturprodukte sind nicht immer unkritisch: so enthält beispielsweise Seealgenmehl, oft angeboten zur »Pigmentverbesserung«, z.T. erhebliche Jodmengen, so daß vor zu reichlicher Dosierung gewarnt werden muß.

Der Hund trinkt zuviel

Ein Hund nimmt täglich zwischen 40 und 70 ml Wasser pro kg seines Gewichtes auf, wobei ein Teil bereits über die im Futter enthaltene Flüssigkeit abgedeckt wird. Somit ist auch erklärlich, daß bei Verfütterung von Trockenfutter mehr Trinkwasser aufgenommen wird als bei Feuchtalleinfutter. Liegt die Wasseraufnahme des Hundes langfristig deutlich über den genannten Werten, so kann das verschiedene Ursachen haben.

Wenn Hunde plötzlich oder auch allmählich mehr als die sonst üblichen Wassermengen aufnehmen, so kann die Ursache durchaus im Futter zu suchen sein. Möglicherweise ist der Salzgehalt in einer neuen Charge des Fertigfutters abnorm hoch. Die Wasseraufnahme steigt allerdings erst bei sehr hoher Salzgabe (> 1 g/kg Körpergewicht/Tag) merklich an! Bei fettreicheren Mischfuttern wird meist weniger Trinkwasser konsumiert als bei kohlenhydratreichen Mischfuttern.

Sehr rohfaserreiche Mischfutter, die gelegentlich als Diäten zur Behandlung bestimmter Krankheiten eingesetzt werden, können dagegen zu ei-

Ursachen für eine überhöhte Wasseraufnahme

Ursache	Abhilfe
Futter	
• zu hoher Rohfasergehalt	→ Futterumstellung
• abnorm hoher Salzgehalt	→ Futterumstellung
Umgebung	
• hohe Umgebungstemperaturen	→ Optimierung der Haltungsbedingungen
Hund	
• Hormon- bzw. Stoffwechselstörung	→ Tierarzt
• Nierenerkrankung	→ Tierarzt
• Entzündung der Gebärmutter	→ Tierarzt

ner verstärkten Füllung des Darmkanals und größeren Kotmengen führen, wobei entsprechend mehr Wasser benötigt wird. Auch bei hohen Außentemperaturen, körperlicher Beanspruchung sowie einigen Erkrankungen kommt es zu einer erhöhten Wasseraufnahme (s. Tab. oben). Sind ernährungsbedingte Ursachen nicht erkennbar oder aber bleibt die abnorm hohe Wasseraufnahme bestehen, selbst wenn die Fütterung mehrfach geändert wurde, liegt der Verdacht nahe, daß eine innere Erkrankung vorliegt, z. B. hormonelle Störungen, Entzündungen der Gebärmutter oder chronische Nierenerkrankungen.

Der Hund wird zu dick

Die Verfettung von Hunden muß nicht zwangsläufig eine Art Zivilisationskrankheit sein; in einigen Fällen liegt eine krankhafte innere Ursache vor, etwa eine Fehlfunktion der Schilddrüse oder der Nebenniere.

> Ein übergewichtiger Hund sieht nicht nur unästhetisch aus, kurz- oder langfristig besteht zudem die Gefahr, daß ernste Gesundheitsstörungen eintreten!

Das Körpergewicht ist ein zwar brauchbarer, allerdings nicht immer verfügbarer Maßstab für die Einschätzung des Ernährungszustandes, da für einige Rassen und natürlich Mischlinge keine verläßlichen Normalgewichte vorliegen. Sofern das Standardgewicht der Rasse bekannt ist, sollte es jedoch zur Beurteilung des Ernährungszustandes benutzt werden. Bei Überschreitung um 10 % handelt es sich um eine beginnende, bei höheren Abweichungen um eine deutliche bis erhebliche Verfettung (s. Tab. S. 58).

Die Verfettung enwickelt sich allmählich und ist gekennzeichnet durch eine sogenannte dynamische Phase, in der Fett eingelagert wird, und eine statische Phase, wenn das Ansatzver-

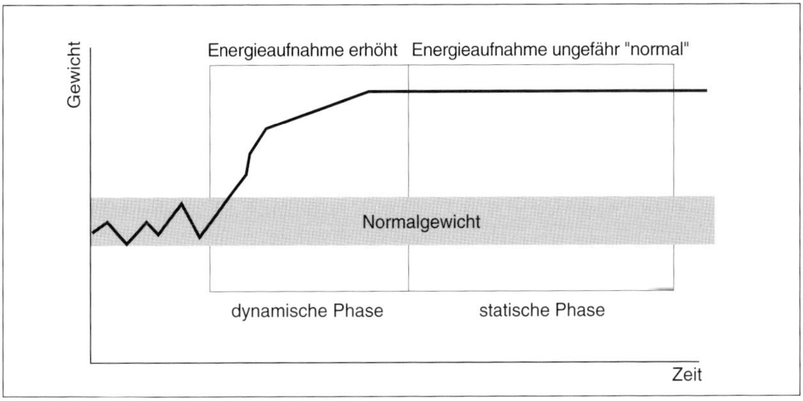

Dynamische und statische Phase der Verfettung.

mögen erschöpft ist. Während der Hund in der dynamischen Phase mehr Futter aufnimmt, als ihm eigentlich zusteht, kann während der statischen Phase eine vergleichsweise geringe Futtermenge ausreichen, um das hohe Übergewicht aufrecht zu erhalten: Der Hund frißt dann häufig »normal«.

Die Ursache von Übergewicht und Verfettung ist zunächst einfach zu definieren: Es handelt sich um Folgen einer unangemessen hohen Futtermenge.

Die Folgen eines lange bestehenden Übergewichtes sind gravierend und führen zu einer Art Teufelskreis:
- die Bewegungsaktivität läßt nach,
- Gelenke und Sehnen sind durch das hohe Gewicht überlastet,
- der Kreislauf ist weniger leistungsfähig,
- das Risiko für weitere Erkrankungen wie Diabetes (Zuckerkrankheit) oder auch Tumoren, steigt an.

Man sollte es also gar nicht erst so weit kommen lassen bzw. die Ursachen möglichst abstellen! Das Abspecken bereitet oft erhebliche Probleme, insbesondere durch ein möglicherweise aufdringliches Betteln des Hundes. Daher empfiehlt es sich, frühzeitig vorzubeugen.

Wesentlich ist in diesem Zusammenhang, daß die Futtermenge dem Bedarf entsprechend angepaßt und von allen Familienmitgliedern konsequent eingehalten wird.

Nicht zu unterschätzen ist die Wirkung von Leckerbissen! Süßigkeiten, getrocknete Pansenstreifen oder Kaubären für Hunde enthalten Kohlenhydrate bzw. Fette, die zu einer erheblichen zusätzlichen Energieaufnahme führen.

Mit derartigen Belohnungen sollte man also durchaus sparsam sein, und meist wirkt ja auch freudiges Lob genauso gut! Aus Messungen bei ausge-

Ursachen für eine Verfettung

Ursache	Abhilfe
Futter	
• zu hohe Futtermenge	→ Reduktion der Fütterung
• Futter sehr energiereich	→ Reduktion der Futtermenge → Umstellung auf energieärmere Mischung
• zu viele Leckerbissen/Belohnungen/ Besänftigungen	→ Reduktion der Zuteilung
Haltung	
• zu wenig Bewegung	→ mehr Aktivität für Hund und Herrn
Hund	
• Rassenveranlagung	→ züchterische Bekämpfung
• Geschlecht/Kastration	→ Optimierung Fütterung/Haltung
• Hormon- bzw. Stoffwechselstörung	→ Tierarzt

wachsenen Hunden weiß man, daß der Erhaltungsbedarf individuell um bis zu 30 % vom mittleren Durchschnittswert abweichen kann.

Da Fütterungsempfehlungen immer auf einem mittleren Wert beruhen, kann im Einzelfall eine Fehleinschätzung des tatsächlichen Bedarfs vorliegen. Angenommen, es werden für ein Trockenalleinfutter für Hunde von 10 kg Gewicht 200 g je Tag empfohlen, so wird diese Menge für die meisten Tiere tatsächlich passen. Sie werden ihr Körpergewicht mit mehr oder weniger kleinen Schwankungen konstant halten. Einige Hunde werden jedoch 30 % mehr, das sind bis zu 260 g Futter/Tag benötigen, weil sie aktiver sind als der Durchschnitt, über eine weniger wirksame Wärmeisolierung verfügen oder im Freien gehalten werden. Andere benötigen dagegen 30 % weniger, also nur 140 g/Tag, da sie weniger temperamentvoll sind, zudem meistens in der Wohnung gehalten werden und nur wenig Gelegenheit zum Auslauf erhalten. Werden nun trotzdem die empfohlenen 200 g Futter je Tag gegeben, erhält das Tier somit 60 g Futter im Überschuß. Bei diesem Luxuskonsum setzt ein Hund pro Tag über 10 g Fett an.

Nicht jeder Hund oder jede Rasse reagiert gleich. Besonders veranlagt zur Verfettung sind Labrador Retriever, Cairn Terrier, Cocker Spaniel, Langhaardackel, Bassets oder auch Beagles. Natürlich finden sich auch in anderen Rassen oder unter Mischlingen verfettete Tiere. Es ist zudem bekannt, daß kastrierte Hunde, gleich ob männlich oder weiblich, zu vermehrter Fetteinlagerung neigen. Diese Tendenz verstärkt sich mit zunehmendem Lebensalter. Ältere Hunde – im Durchschnitt etwa ab dem 7. Lebensjahr – werden weniger aktiv, auch ergeben sich hormonelle Umstellungen, die zur

Verminderung des Energiebedarfs führen.

Dominante Hunde neigen eher zur Verfettung als Tiere mit weniger ausgeprägtem Durchsetzungsvermögen, sie sichern sich bei Gruppenhaltung die besten und größten Futterbrokken. Beim Haushund wird zuweilen versucht, übermäßiges Dominanzverhalten bzw. Aggressivität auch gegenüber der Familie durch häufige Gabe von Leckerbissen zu verhindern. Daraus entwickelt sich unter Umständen ein Teufelskreis für Besitzer und Hund! Treten Verhaltensprobleme auf, sollte man auf jeden Fall einen erfahrenen Tierpsychologen um Rat und Hilfe fragen und die bisherige Besänftigungstaktik zugunsten energischer Erziehungsmaßnahmen möglichst schnell einstellen.

Sollte eine reduzierte Fütterung aufgrund besonderer Verhaltensweisen des Hundes (Betteln, Aggressivität) nicht durchführbar sein, besteht die Möglichkeit, das Tier mit einer speziellen Diätnahrung (s. Tab. S. 118) vom Tierarzt zu versorgen. Solche Reduktionsdiäten enthalten in höherem Umfang pflanzliche Faserstoffe, so daß die Energiedichte sowie die Verdaulichkeit entsprechend gering sind.

Unterstützt werden alle Diätmaßnahmen durch vermehrte Bewegung, sofern nicht schon ernste Gelenks- oder Kreislaufprobleme vorliegen. Normalgewichtige Tiere sind aktiver, bewegungsfreudiger und gesünder. Das dürfte die größte Genugtuung sein und alle Bemühungen belohnen.

Übergewicht kann ernsthafte Folgen haben. Deshalb sollte man schon bei den ersten Anzeichen von Übergewicht entsprechende Maßnahmen ergreifen wie Futterreduktion und vermehrte Bewegung.

Diätfutter für Hunde	
Indikation für Hunde mit	**wesentlichen Eigenschaften**
Übergewicht	niedrige Energiegehalte
Hauterkrankungen	hohe Gehalte an essentiellen Fettsäuren
Nierenversagen	niedrige Phosphor- und Proteingehalte
Ungenügende Kondition (u. a. nach Erkrankungen)	hoher Energiegehalt, leicht verdauliche Stoffe
ungenügender Verdauung	leicht verdauliche Futtermittel, wenig Fett
Nährstoffunverträglichkeit (Allergien)	ausgewählte Eiweißquellen
Harnsteinen	
aus Ammonium-Magnesium-Phosphat	niedriger Magnesium- u. Proteingehalt, hohe Proteinqualität, harnsäuernde Stoffe
aus Oxalat	niedrige Kalzium- u. Vit.-D-Gehalte
aus Cystin	niedrige Proteingehalte, mäßiger Gehalt an schwefelhaltigen Aminosäuren, harnalkalisierende Stoffe
aus Harnsäure	niedriger Proteingehalt, hohe Proteinqualität
Resorptionsstörungen	leicht verdauliche Futtermittel, viel Elektrolyte
Herzerkrankungen	niedriger Natriumgehalt
Leberstörungen	mittlerer Proteingehalt, hohe Proteinqualität
Diabetes	niedriger Gehalt an Kohlenhydraten
erhöhten Blutfettgehalten	geringe Fettmengen, viel essentielle Fettsäuren
Kupferspeicherkrankheit	geringer Kupfergehalt

Energie- und Nährstoffgehalte in Futtermitteln für Hunde

	In 100 g Frischsubstanz sind enthalten								
	Trocken-substanz (g)	Roh-fett (g)	Stick-stofffreie Extrakt-stoffe (g)	Roh-faser (g)	verdau-liches Roh-protein (g)	verdau-liche Energie (MJ)	Kalzium (mg)	Phos-phor (mg)	Natrium (mg)
A. Einzelfuttermittel tierischer Herkunft									
1. Fleisch									
Kalbfleisch									
Keule	32	10	0,9		19	0,86	≈ 10	≈ 150	~70
Rindfleisch									
reines Muskelfleisch, ohne Fett	27	4	1,0		20	0,53	≈ 10	≈ 150	≈ 70
Spannrippe	42	22	1,0		17	1,27	≈ 10	≈ 150	≈ 70
Kopffleisch	45	26	1,0		16	1,40	≈ 10	≈ 150	≈ 70
Schweinefleisch									
Kotelett	48	31	0,8		14	1,54	≈ 10	≈ 150	≈ 70
Eisbein	30	16	0,8		11	0,90	≈ 10	≈ 150	≈ 70
Bauch	56	42	0,8		11	1,89	≈ 10	≈ 150	≈ 70
Hammelfleisch									
Brust	51	37	0,8		11	1,70	≈ 10	≈ 150	≈ 70
Pferdefleisch									
fettarm	26	4,5	1,5		18	0,63	≈ 10	≈ 150	≈ 70
Hühner-/Putenfleisch									
Brust	26	0,9	1,0		22	0,58	≈ 10	≈ 150	≈ 70
Keule	26	3,0	1,0		20	0,60	≈ 10	≈ 150	≈ 70
Klare Brühe	2,3	0,5	0,2		0,4	0,03	≈1	≈4	≈500
2. Frische Innereien und Schlachtabfälle									
Leber: Rind, Schwein	28	5,0	3,0		19	0,67	7	360	80
Niere: Rind, Schwein	24	6,1	1,0		15	0,62	9	240	190
Pansen: Rind, geputzt	20	7,0	0,5		11	0,55	20	40	20
Pansen: R., ungeputzt	28	5,0	0,6	1,1	19	0,67	120	130	50
Blättermagen, Rind	21	5,0	0,5	–	14	0,54	90	80	80
Labmagen, Rind	22	9,0	0,6	–	11	0,63	90	80	80
Magen, Schwein	31	14	0,7	0,7	14	0,90	20	115	90
Rinderenden, Rektum und Haut	20	4,0	0,5	–	14	0,51	120	130	80
Darm, Schwein (Schw. krausen)	29	15	0,5	–	12	0,88	120	130	80
Fettenden, Schwein	35	23	0,5	–	10	1,14	120	130	80
Lunge, Rind	19	2,7	0,4		14	0,42	6	180	140
Lunge und Schlund, roh, Rind	30	10	1,3		17	0,82	6	180	140
Lunge, Schwein	26	7,0	1,0		16	0,67	6	180	140
Herz, Schwein	25	6,0	1,5		16	0,59	6	215	95
Herz, Rind	24	5,0	0,7		16	0,59	6	215	95
Milz, Schwein	23	5,0	0,4		15	0,62	13	260	95
Milz, Rind	25	2,4	1,7		18	0,56	13	280	95
Euter, Rind	24	8,5	0,8		12	0,64	115	160	155

Energie- und Nährstoffgehalte in Futtermitteln für Hunde (Fortsetzung)

	In 100 g Frischsubstanz sind enthalten								
	Trocken-substanz (g)	Roh-fett (g)	Stick-stofffreie Extrakt-stoffe (g)	Roh-faser (g)	verdau-liches Roh-protein (g)	verdau-liche Energie (MJ)	Kalzium (mg)	Phos-phor (mg)	Natrium (mg)
2. Frische Innereien und Schlachtabfälle (Fortsetzung)									
Knochen + Mark und Fett, Rind	79	21	1,0		8–11	0,90	13800	6200	360
Schwarten, Schwein	57	24	0,5		29	1,51			
Rückenspeck, Schwein	93	91			1,5	3,47	2	13	21
3. Verarbeitungsprodukte von Schlachtabfällen									
Fleischknochenmehl > 30 % Asche	93	9,0	3,0		41	1,34	15200	7300	940
Tierkörpermehl bzw. Tiermehl	90	6,0	4,0	0,4	50	1,48	5700	3750	520
Futterknochenschrot, nicht entleimt	90	0,2	4,1	0,7	11	0,32	18000	8700	680
Grieben	55	22	0,1		29	1,54	270	450	660
4. Wurstwaren									
Leberwurst	56	41	0,9		12	1,85	40	155	800
Fleischwurst	44	30	1,0		11	1,70	14	128	829
Frühstücksspeck, durchwachsen	80	65	1,0		8,6	2,70	15	110	1850
5. Fische und Fischmehl									
Hering	37	19	–		16	1,13	40	150	70
Schellfisch	25	0,1	–		17	0,42	10	170	65
6. Milch und Milchprodukte									
Vollmilch	13	4,1	4,9		3,3	0,31	115	95	40
Magermilch	9	0,1	4,8		3,2	0,16	115	95	30
Trockenmagermilch, sprühgetrocknet	96	0,6	52		33	1,60	1300	1000	510
Kondensmilch, 7,5 % Fett	25	7,5	9,7		5,9	0,58	230	215	100
Quark, mager	21	0,5	2,7		15	0,43	70	190	35
Hüttenkäse, 20 % Fett i.d.TS	22	4,5	2,5		13	0,51	95	150	230
Emmentaler Käse, 40 % Fett i.d.TS	65	30	3,5		23	1,75	1100	810	580
7. Ei und Eiprodukte									
Vollei (roh, ohne Schale)	26	11	0,7		5–8	0,59	60	200	120
Vollei, gekocht	27	12	0,9		11	0,75	50	240	110
Eiweiß, roh	13	0,2	1,0		7	0,17	11	21	170
B. Einzelfuttermittel pflanzlicher Herkunft									
1. Getreidekörner (inkl. Schrote, Mehle, Flocken)									
Weizen, zerkleinert, aufgeschlossen	88	1,7	70	2,5	9,6	1,56	60	330	25

Energie- und Nährstoffgehalte in Futtermitteln für Hunde (Fortsetzung)

	In 100 g Frischsubstanz sind enthalten								
	Trockensubstanz (g)	Rohfett (g)	Stickstofffreie Extraktstoffe (g)	Rohfaser (g)	verdauliches Rohprotein (g)	verdauliche Energie (MJ)	Kalzium (mg)	Phosphor (mg)	Natrium (mg)
Mais, zerkleinert, aufgeschlossen	87	4,1	70	2,4	7,5	1,57	35	280	25
Hafer, zerkleinert, aufgeschlossen	89	4,7	60	10	9,0	1,58	110	310	35
Reis, ungeschält	89	2,2	64	8,7	7,0	1,30	45	325	10
Reis, poliert	89	0,3	81	0,1	6,0	1,43	6	120	6
Reis, gekocht	28	0,1	25	0,03	2,0	0,5	19	38	2
Weizenmehl, Typ 405	87	1,0	74	0,2	9,9	1,56	20	80	2
Hafermehl	89	1,9	72	2,8	9,0	1,63	55	405	65
Weizenflocken, aufgeschlossen	98	1,6	81	1,6	8,5	1,66	40	310	–
Maisflocken, aufgeschlossen	98	3,0	82	2,3	7,7	1,70	15	60	–
Haferflocken	91	7,6	66	3,0	11	1,69	80	390	5
2. Brot und Teigwaren									
Roggenbrot	60	1,0	51	1,2	2,9	0,78	29	140	550
Roggenvollkornbrot	57	1,2	46	2,5	4,4	0,78	43	220	525
Weizenbrot (Weißbrot)	61	1,2	50	1,2	5,5	0,83	60	90	385
Spaghetti, gekocht	16	0,6	13	–	2,0	0,29	7	35	5
3. Nebenprodukte der Getreideverarbeitung									
Weizenkeime, aufgeschlossen	87	7,1	47	3,3	19	1,34	90	900	10
Weizenkleie	86	3,9	52	11	11	1,08	160	1100	50
Weizenkleber, getrocknet	91	0,7	11	–	67	1,86	80	225	–
Maiskleber, getrocknet	93	5,0	18	1,5	58	1,87	–	–	–
Biertreber, getrocknet	91	7,8	40	16	20	1,54	400	650	50
4. Leguminosen und andere Samen									
Erbsen, gekocht[1]	86	1,3	54	5,8	19	1,19	90	480	25
Gartenbohnen, gekocht[1]	89	1,5	58	4,0	18	1,22	180	430	2
Linsen, gekocht[1]	88	0,6	58	3,9	20	1,23	70	340	4
Leinsamen	89	32	23	7,7	18	2,01	250	480	80
6. Nebenprodukte der Öl- und Fettherstellung									
Sojabohnenextraktschrot, entschält	89	0,8	29	2,9	43	1,50	285	680	30
– nicht entschält	88	0,9	30	5,9	36	1,38	270	620	20
Sojabohnenfeinmehl	96	23	26	1,0	34	2,09	–	–	–
Sojaproteinsolat	94	2,3	1,3	–	70	2,10	125	590	110
Leinextraktionsschrot	89	1,6	37	9,5	28	1,27	410	870	100
7. Hefen									
Bäckerhefe, frisch	29	1,2	9,0	0,3	14	0,46	30	610	30
Bäckerhefe, getrocknet	91	5,5	28	1,0	40	1,54	300	1300	50

Energie- und Nährstoffgehalte in Futtermitteln für Hunde (Fortsetzung)

	In 100 g Frischsubstanz sind enthalten								
	Trockensubstanz	Rohfett	Stickstofffreie Extraktstoffe	Rohfaser	verdauliches Rohprotein	verdauliche Energie	Kalzium	Phosphor	Natrium
	(g)	(g)	(g)	(g)	(g)	(MJ)	(mg)	(mg)	(mg)
8. Wurzeln und Knollen									
Kartoffeln, gedämpft	22	0,1	18	0,6	1,7	0,33	10	60	1
Kartoffeln, gekocht	22	0,1	15,4	2,5	2,0	0,33	10	60	1
Kartoffeln, Püree (Instant)	92	5,4	67	2,0	10,8	1,80	120	310	1230
Möhren	13	0,2	8,5	1,2	0,7	0,09	50	35	50
Rote Bete	11	0,3	6,9	0,9	0,9	0,10	30	45	60
Zuckerrübenschnitzel, getrocknet	93	0,5	77	5,9	2,5	1,21	880	100	220
Karottenwürfel	88	2,1	59,7	10,1	7,3	1,35	455	325	175
9. Gemüse u.a.									
Grünkohl, gekocht	16	0,8	7,0	2,0	2,5	0,21	130	45	40
Spinat	8	0,5	6,5	1,4	1,4	0,12	120	60	15
Luzernegrünmehl, künstl. getrocknet	94	2,5	41	19	11	0,71	1800	290	175
Salat	8,5	0,3	3,8	1,0	1,0	0,07	30	20	10
Tomaten	6	0,2	3,8	0,5	0,7	0,06	50	20	15
10. Obst									
Äpfel, gebacken	16	0,2	14	0,8	0,2	0,18	9	10	2
Birnen, getrocknet	18	0,3	15	1,7	0,3	0,21	15	20	2
Bananen	25	0,4	20	0,5	1,6	0,25	7	30	1
Bananen, gebacken					1,8	0,34			
11. Fette und Öle									
Margarine	90	81				2,99	13	15	100
Butter	84	83	0,4			3,09	16	20	4
Schweineschmalz	100	100				3,81	–	–	–
Rindertalg	98	97				3,64		7	11
Fischöl	99	99				3,81	–	–	–
Pflanzenöle	100	100				3,80	15		
12. Zucker und Stärke									
Rohrzucker (Saccharose)	100		100			1,74			
Getreidestärke	89	0,1	87	0,2		1,53	25	60	20
Kartoffelstärke, aufgeschlossen	84	0,4	83	0,1		1,47	20	50	20
13. Sonstiges									
Schokolade (∅)	99	33	55		8,2	2,34	220	240	90
Bonbons	97	1	94		0,9	1,66	–	–	–
Marzipan	91	25	57		6,8	1,95	43	220	5

Zeichenerklärung:
–: es liegen keine Unterlagen vor.
leere Spalte: der betreffende Stoff ist abwesend bzw. mit den üblichen analytischen Methoden nicht erfaßbar.
[1]: die Gehalte beziehen sich auf den Trockensubstanz-Gehalt des Ausgangsmaterials.
Die Gehalte an Mineralstoffen und Vitaminen können entsprechend Herkunft, Behandlung und Lagerung erheblich variieren.
Die aufgeführten Mittelwerte können daher nur zur ersten Orientierung dienen.

Mineralstoff- und vitaminhaltige Ergänzungsfuttermittel (Inhaltsstoffe je 100 g)*⁾

Produkt	Hersteller	Ca (g)	P (g)	Ca/P	Cu (mg)	Zn (mg)	Vit. A (Tsd. IE)	Vit. D 3 (Tsd. IE)	Vit. E (mg)	Vit. B 1 (mg)
A. Kalziumreiche Mineralfutter										
1		25 (22–28)	11,2	2,2						
2		25,5	11,9	2,1			5	0,2	47,5	
3		24,0	8,0	3,0	14	75				
4		23,2	9,9	2,3	7	100	30	1,5	50	3
5		22,0	10,5	2,1	20	150	40	4	125	14
6		22,0	6,0	3,7		0,7	27,5	0,9	22,5	3
7		21,0	12,5	1,7	27	100	10	1	100	4.5
8		21,0	8,0	2,6	70	300	50	4	100	5
9		20,7	9,0	2,3	11,3	7,4	11	1,1	54	2,2
B. Mineralfutter mit mittlerem und geringem Kalziumgehalt										
1		19,0	10,0	1,9	16	64	49	0,8	25	9
2		18,5	13,0	1,4				6,3		
3		18,5	7,0	2,6		0,7	22,5	1	12,5	
4		18,4	13,4		8,3	3388				
5		18,0	9,0	2,0	16	64	49	0,8	25	9
6		16,5	5,0	3,3	40	300	60	6	600	16
7		12,5	7,5	1,7	15	500	40	4	400	10
8		9,6	3,2	3,0	11	103	18	1,8	72	3,6
9		8,0	5,0	1,6		125	55	5,5	138	10
C. Produkte überwiegend zur Spurenelement- und Vitaminergänzung										
1		5,9	2,9	2,0	11,3	7,4	11	1,1	54	2,2
2		5,4	4,2	1,3	4,5	200	70	1	230	50
3		5,1	5,2	1,0			66	1	264	25,8
4		4,5	2,2	2,0	7,5	30	20	2	100	20
5		4,4					92,5	1	500	×
6		3,0	2,4	1,3	1,5	45	32	3,2[1)]	64,5	32
7		2,0	1,1	1,8	36	450	45	3,6	450	7,2
8		1,9	1,0	1,9	30	270	25	3	300	6
9		1,8	1,5	1,2	3,5	11,2	37	0,2	145	48
10		1,8	0,5	3,6	6,5	22	22,8	4,2	60,0	12,0
11		1,2	1,2	1,0		24,1	77	1	55	9
12		1,0	0,8	1,3	0,5	100	10	1	20	10

Mineralstoff- und vitaminhaltige Ergänzungsfuttermittel (Inhaltsstoffe je 100 g) (Fortsetzung)

Produkt	Hersteller	Ca (g)	P (g)	Ca/P	Cu (mg)	Zn (mg)	Vit. A (Tsd. IE)	Vit. D 3 (Tsd. IE)	Vit. E (mg)	Vit. B 1 (mg)
C. Produkte überwiegend zur Spurenelement- und Vitaminergänzung (Fortsetzung)										
13		0,8				540				
14							1425	0	1710	190
15							300	20	1200	400
16							100	1	40	40
17							91,3	7,3		54,8
18							45	4	250	
19							44	1	44	4,4
20							17,6	0,9	106	35,3
21						0,84	9,2	0,9	208	1,8
22									280[2)]	

* Praxisübliche Mischungen; [1)] Vit. D_2; [2)] Gesamttokopherolgehalt

Glossar

Absorption: die Aufnahme von Nährstoffen über die Darmwand

Adipositas: Fettsucht bzw. Übergewicht mit Überschreiten des Normalgewichtes um 10 % und mehr

ad libitum: zur freien Aufnahme

Akzeptanz: die Aufnahmebereitschaft für das jeweilige Futter

alkalisch: basischer pH-Wert, laugenähnlich

Alleinfutter: auch als Vollkost oder Vollnahrung bezeichnet

Aminosäuren: Bausteine des Eiweißes, können zum Teil im Stoffwechsel hergestellt werden oder müssen über die Nahrung aufgenommen werden (= *essentielle* Aminosäuren)

Aufbaudiät: oft fälschlich verwendeter Begriff, eigentlich ein besonders hochwertiges, energie- und nährstoffreiches Futter, das in besonderen Belastungssituationen eingesetzt werden kann

Ballaststoffe: entsprechen sinngemäß der *Rohfaser*

Ca: Abkürzung für Kalzium

Darmflora: die im Darm, teilweise auch im Magen des Hundes lebenden Bakterien

Deklaration: Kennzeichnung von Futtermitteln, Einzelheiten s. S. 28

Diät: gezielte Fütterungsmaßnahme zur Behebung oder Abschwächung eines krankhaften Zustandes nach tierärztlicher Anordnung und Überwachung

Emulgator: Futterzusatzstoff zur Verhinderung einer Entmischung von Nahrungsfetten oder den übrigen Inhaltsstoffen

Energie: physikalischer Brennwert des Futters, Angabe in *Megajoule (MJ)* oder *Kilojoule (kJ)*, früher auch Kalorien (cal, kcal)

Energiedichte: Energiegehalt in einer bestimmten Gewichtseinheit (z. B. in 100 g Trockensubstanz)

Enzym: Katalysator für chemische Reaktionen im Organismus, besonders auch für die Zerlegung der Nahrung

Ergänzungsfuttermittel: eingesetzt zur Ergänzung von Grundfuttermitteln, z. B. zur Verbesserung der Mineralstoff- und Vitaminversorgung bei hausgemachtem Futter

Erhaltungsbedarf: Bedarf an Energie bzw. Nährstoffen bei Tieren, die keine besonderen Leistungen erbringen müssen

essentiell: lebensnotwendig; gebräuchlich zur Charakterisierung bestimmter Amino- oder Fettsäuren

Flatulenz: Gasausscheidung aus dem Dickdarm

Futterkalk: Bezeichnung für Kalziumkarbonat, enthält ca. 37 % Kalzium und praktisch keine weiteren Nährstoffe (s. S. 85)

Futtermittelrecht: regelt die Herstellung von Futtermitteln sowie den Umgang und Verkehr, besteht aus Futtermittelgesetz und -verordnung

Futterzusatzstoff: z. B. Farbstoffe, Konservierungsmittel, Spurenelemente, Vitamine (s. S. 35)

Gluten: Eiweiß aus dem Getreide

Herzinsuffizienz: ungenügende Leistung des Herzens, die zu verminderter Leistungsfähigkeit und weiteren Krankheitserscheinungen führt

IE: Internationale Einheit (Dimension für die Angabe von Vitamin A und D)

Inhaltsstoffe: Stoffe, die den Wert eines Futtermittels ausmachen und bei der Kennzeichnung aufgeführt werden müssen (s. S. 29ff.)

Joule: Einheit der Energie, oft als Kilojoule (1 kJ = 1000 Joule) oder Megajoule (1 MJ = 1000 kJ)

Kalorie: früher übliche Einheit zur Energiebewertung, 1 Kalorie = 4,18 Joule

Kalzium: Mineralstoff (s. S. 60ff.)

Kleber: Eiweiß aus Getreide (Gluten)

Koprophagie: Kotfressen

Laktose: Milchzucker (s. S. 20–23)

mcg: gelegentlich vorkommende Abkürzung für »Mikrogramm« (μg = 1 Millionstel Gramm bzw. 1 Tausendstel Milligramm)

Mengenelemente: Kalzium, Phosphor, Magnesium, Natrium, Kalium, Chlorid, Schwefel

mg: Milligramm (1 Tausendstel Gramm)

Mikronisieren: trockenes Erhitzen von Futter, Aufschluß zur Verdaulichkeitssteigerung

Mineralstoffe: Oberbegriff für Mengen- und Spurenelemente

NfE: stickstofffreie Extraktstoffe

N-freie Extraktstoffe: Nährstoffgruppe aus der Weender Analyse (s. S. 11)

Niereninsuffizienz: ungenügende Ausscheidungsfunktion der Nieren, besonders ältere Hunde betreffend

Obstipation: Verstopfung

Osteodystrophie: Entkalkung und bindegewebiger Umbau des Knochens, führt zu geringerer Tragfähigkeit des Knochens

Pankreas: Bauchspeicheldrüse

P: Abkürzung für Phosphor

Phytin: in einigen pflanzlichen Produkten vorkommende phosphorhaltige Verbindung, führt zu verminderter Verfügbarkeit von Kalzium, Zink und Phosphor

Protein: Eiweiß

Rachitis: Knochenentkalkung durch Kalzium- und/oder Vitamin-D-Mangel, beim Hund sehr selten

Reduktionskost: Abmagerungsdiät

Ra: Rohasche (s. S. 10–11)

Rfa: Rohfaser (s. S. 10–11)

Rfe: Rohfett (s. S. 10–11)

Rohnährstoff: Nährstoffgruppe nach der Weender Analyse (s. S. 10)

Rp: Rohprotein (s. S. 10–11)

Spurenelemente: in geringen Mengen im Körper vorkommende Mineralstoffe, z. B. Eisen, Zink, Kupfer, Jod

Schleimhaut: innere Auskleidung von Magen und Darm, resorbierende Oberfläche

stickstofffreie Extraktstoffe: N-freie Extraktstoffe; Bezeichnung für die im Futter enthaltenen Kohlenhydrate (s. S. 30)

Trockensubstanz: (s. S. 10–11)

ungesättigte Fettsäure: nicht vollständig mit Wasserstoff abgesättigte Fettsäure

ursprüngliche Substanz: die Frischsubstanz eines Futtermittels, umfaßt Trockensubstanz und Rohwasser

Verdaulichkeit: Maßstab für die Aufnahme von Futterbestandteilen über die Darmwand in den Körper (s. S. 19)

Vitamin: lebensnotwendiger organischer Stoff, der in geringen Mengen aufgenommen werden muß

vitaminierte Mineralfutter: Mineralfutter mit Zusatz von Vitaminen, ergänzen selbstgemischte Rationen (s. S. 86, 124–125)

Weender Futtermittelanalyse: Verfahren zur Bestimmung der Rohnährstoffe (s. S. 10–11)

Register

Bildquellen

Kothe, D., Stuttgart: Abb. S. 76
Kuhn, R., Stuttgart: Titelfotos (4), Abb. S. 1, 2, 5, 39, 43, 45, 47, 51 unten, 55, 56, 57, 77, 94, 100, 117, Einbandrückseite (2)
Alle anderen Fotos stammen von den Verfassern.

Die Zeichnungen fertigte H. Flubacher, Waiblingen nach Vorlagen der Verfasser.

Bildquellen Umschlag:
Titelfoto: Juniors Bildarchiv, Ruhpolding.
Kleine Fotos: Regina Kuhn, Stuttgart, links und Mitte. Dieter Kothe, Stuttgart, rechts.
Umschlagrückseite: Arco Digital Images, C. Huetter, links. Regina Kuhn, Stuttgart, rechts.

Literatur

HAND, M., C. D. THATCHER, R. L. REMILLARD, P. ROUDEBUSH (2002): Klinische Diätetik für Kleintiere. 4. Aufl. Schlütersche, Hannover.
MEYER, H., J. ZENTEK (2001): Ernährung des Hundes – Grundlagen und Praxis. 4. Auflage, Parey, Berlin.
SOUCI, S. W., W. FACHMANN, H. KRAUT (1989): Die Zusammensetzung der Lebensmittel. Nährwert-Tabellen, 4. Aufl. Wiss. Verlagsgesellschaft, Stuttgart.
SÜLFLOHN, K. (2003): Das geltende Futtermittelrecht. Media Service, Rheinbach.

Bibliografische Information der Deutschen Bibliothek

Die Deutsche Bibliothek verzeichnet diese Publikation in der Deutschen Nationalbibliothek; detaillierte bibliographische Daten sind im Internet über http:/dnb.ddb.de abrufbar.

Wollgrasweg 41, 70599 Stuttgart (Hohenheim)
Internet: www.ulmer.de
Lektorat: Dr. Nadja Kneissler, Dr. Eva-Maria Götz
Herstellung: Ursula Stammel, Gabriele Wieczorek
Satz: Typomedia GmbH, Ostfildern
Druck und Bindung: Aprinta, Wemding
Printed in Germany

ISBN 3-8001-4649-5